紫禁城示意圖

紫禁城裡很有事

明清宮廷小人物的日常生活

王一樵 著

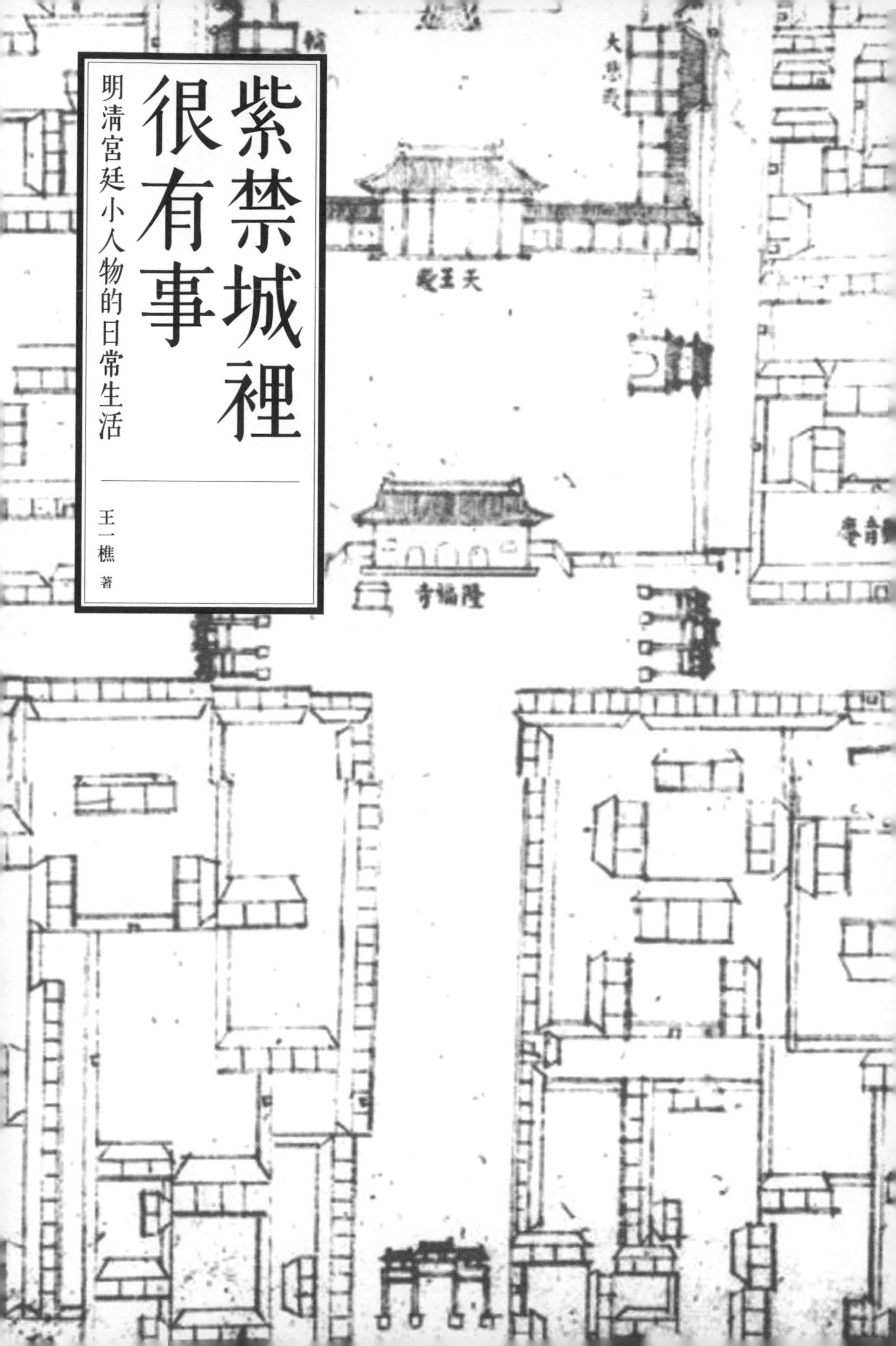

目錄

第一章

明清宮中人的生活日常與昔日身影

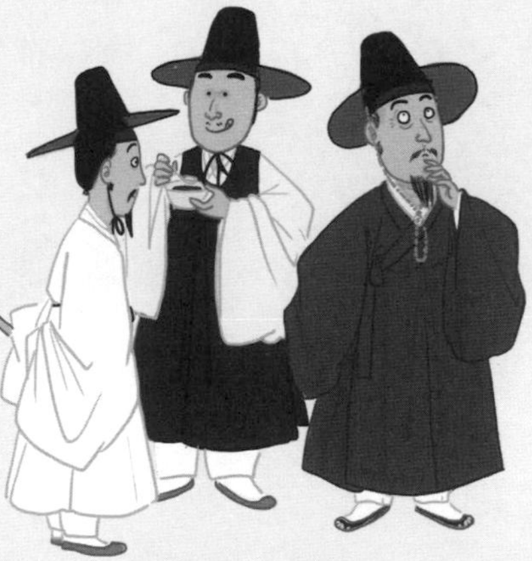

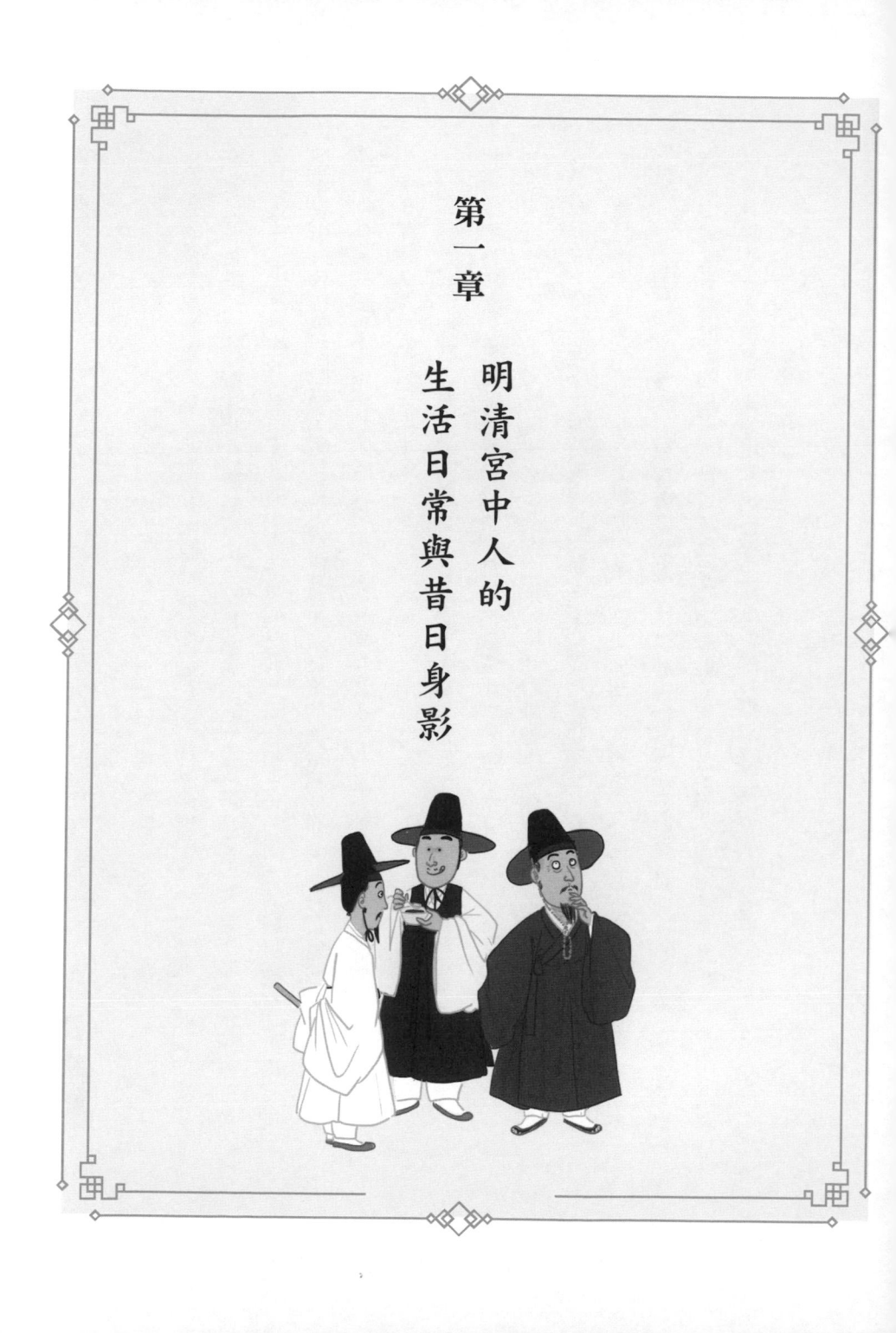

我的授業恩師王汎森先生曾在〈時代關懷與歷史解釋〉中寫道：「一個關心時代的史學家是有可能將他的關懷、時代境遇與史學工作疊在一起，成為一面三稜境，映照他所屬的時代」。這一本聚焦在明清宮中人的小書，誠如一面「三稜鏡」，一方面源自於我心中的時代關懷，也出自於些生活際遇，更包括了自己多年來從事的明清檔案研究工作的心得體會。書中許多故事都是我在研究中得到的有趣發現，書寫與構思的過程雖然跨時漫長，但細細想來更有不少十多年來求學與研究中的溫暖回憶。

二〇〇二年初到北京，那時候正是秋初時分，氣候正好，我便時常造訪故宮。昔日書本上的知識化為實際，實地地感覺一種更深刻的情感觸動。古老的殿宇樓閣不再只是史料文獻中的字句，而是厚實的人文歷史積累。漫步在紫禁城的中軸線上，隨著參訪的遊客人群們走在古老的宮殿群中，時間漫成一種超脫現實的氛圍，心靈深處也產生了莫名的震動。

還記得那時候趁著在北京大學歷史系短期學習交流的機會，我時常一手拿著谷應泰編著的《明史紀事本末》，一邊準備學科專業知識，一邊趁課餘時間盡可能去故宮，或是在北京各處轉轉。由課堂走到歷史的現場，體會、感受文字筆墨的昔日故跡是相當令人興奮的。興許，這一書的發想就在那當下：我想用文字記錄下這一份來自歷史文化的感動。

往後的十多年，我一直在明清史研究的道路上埋首努力著，投入了《明清內閣大庫》的檔案整理，將青春歲月付出在這一份數量龐大的歷史文獻裡。這些精采的宮廷故事以及宮中日常生活中的點點滴滴，其實都來自於最無趣的文書整理。每天大量的閱讀，日復一日的整理內容，編寫摘要是這一本小書的源頭。也或許我該這樣說，這些明清以來的官方檔案文書與史料文獻裡，一直有著許多動人的故事，但它一直沉睡在堆積如山的龐大案卷裡，靜靜地等待有緣人的到來，讓故事可以被訴說，無聲的眾人生命際遇可以被後世傳講。

書中各章的撰寫動筆時間、跨度相當大，編輯成書的過程，參考了各方面的修訂意見，考量到讀者的閱讀感受，將內容依照時間上分先後順序，由明代漸至清代初期，再由乾嘉時期，逐漸鋪陳至嘉、道、咸以來宮廷文化的相關人、事、物，最終將敘事延伸至晚清、民國前後的宮中人回憶。希望透過這樣子的安排，能夠在文字敘述中產生「也同歡喜，也同悲愁」的氛圍，讓讀者們走入這些為史家們所忽略的宮中人的生活，隨著各章的敘事，感受宮廷裡各個小人物在生命際遇上的喜樂與憂愁。

我們閱讀這些宮中人的記錄時，或許會犯下一些錯置的問題，把自身的情感與關懷框架在這些敘事情節之中，但也許在這些宮中人所留下這些回憶文字中，是為將其這一生在紫禁城中

的見聞，以及宮廷中的各種日常生活中的細節，還有自己生在其中的各種獨特的人生體悟真實的記載下來。因此若換一種角度來閱讀，由宮中人生活點滴著手，或許我們將會看到一種不一樣的風景，聽到一種不一樣的歷史潛流。讀者在遊走在字裡行間中，除了感知宮廷文化中最繁華富麗的剎那榮景，更有曲終人散後，殿宇樓閣中無盡無邊的空寂落寞。

最後，我想說明一下自己對於宮中人的想法，或者該說我認為是這些宮廷中的無聲眾人們，該如何被記憶，甚至成為歷史意識的一部分。王老師亦曾在演講中詳細討論過他對於史學研究者的看法，他強調所謂的「史學」，是一種「擴增新量之學」，為讓人們擴展生命的層次與感悟，由心上念頭想法，漸至手邊日常舉止言行之中。我也認為歷史學的普及作品應該要有著這樣的特質，使讀者可以在閱讀中提昇生命質量，擴大生活的感知體驗。討論這些歷史記憶對於我們而言具有何種特別的感受，甚至如何影響了我們對於自己，對於社會的想法，這些都是一種在閱讀與欣賞歷史中必經的過程。我們在閱讀這些宮中人故事的當下，必定會發現到主流敘事中，同時存在著各種不同層次的歷史知識或記憶，伏匿深藏，但各種都有其動人之處。這些知識與記憶或許與一般人常識有所不同，但卻是確實的存在。

換一句話來說，各種歷史知識與歷史記憶之間未必是一種非此即彼的關係，但是它們之間卻往往有所出入，甚至讓人感到意外。但這些差異往往觸動到人心深處，特別讓人動容，久久難忘。正因為如此，我們更應該注意一個時代中多元多樣的歷史知識，理解與感受它們不同的輪廓，留心各種歷史敘事之間，各種自覺的，或者是不自覺的競合關係。大潮流的敘事中，必定有一些無聲的潛流匿伏，也必定有一些小人物的生命際遇會同樣讓人深受感動。正因為存在著互有出入的歷史敘事版本，或者是對於某一段記憶的選擇性關心與刻意忽略，我們才有更多元的想法。這些多元多樣的競合關係，大敘事與小細節之間的異同，都對我們日常生活中的各種選擇與取向，也有著一些無法被忽視的影響。畢竟，身為小人物的我們，也總是在故事中投入了我們自身的感情、信仰，甚至是價值上的認同。

明清宮中人的故事，正是這種特別的敘事，不只是不同版本的歷史記憶，也是大敘事中時常被忽視的小細節。華麗宮廷中的人生際遇，生活甘苦，不也正相似於你我生命中的一些吉光片羽。

第二章

明代宮廷中的朝鮮妃子與交阯太監宮人

韓國出美女是現在我們常有的一種普遍印象，不過這並非是現代才有的專利，其實在古代東亞的史冊裡就有許多美女的倩影。像曾經很受注意的韓劇《奇皇后》，便是高麗女子奇氏在元朝宮廷中如何由「貢女」逐漸一步步的成為元順帝皇后的傳奇故事。不只如此，這並非是單一特例，元、明兩代的宮廷中都有不少來自高麗王朝與李氏朝鮮的妃子。[1]

當時的高麗是元朝的藩屬，高麗王室與元朝皇室之間也常有聯姻關係，這使得高麗國王不僅是元朝藩屬之臣，更有皇帝女婿的特殊身份。因此，高麗國在元朝一直是以「駙馬國」的形式臣屬於元朝。儘管元、明易代，但高麗仍是藩屬，依循往例，他們必須對天朝有所朝貢。每逢派出特使朝見天子時，除了可以看見各種貢物之外，高麗美女也是使節團隨行的重要成員之一。

宮廷中的高麗貢女

在元朝宮廷裡這些被進貢來的高麗女子可不僅僅是在勞役侍從而已。她們除了平日照料皇室成員的日常生活起居，在元順帝時期甚至協助親衛近侍在大都京城中四處偵伺訪查，成為了元朝皇室成員與皇帝親衛近侍集團的權力核心外圍。

例如在《庚申外史》這一部記載元順帝時期宮廷秘辛軼聞的文獻中，便曾經記載到：元順帝曾在宮廷中私下修習藏傳佛教的秘密法門。[2]世間的各種坊間傳言多半隱隱約約，特別是關於「秘密法門」的真實情況，總是帶著一些神秘玄奇的說法。實際上根據學界的看法，這其實是一種修持的秘密法門，通常都由藏傳佛教的上師進行一對一的傳授，作為一種延年益壽的修持方式。

當時，元順帝身邊的近侍護法們便常利用高麗姬們（也就是高麗貢女）在元大都城裡四處訪察官吏人民的家庭情況，趁機尋覓條件合適的女子們，擔任皇帝修習秘法的伙伴。在元順帝與官廷眾多舞姬們修持的「天魔舞」中也不乏高麗舞姬的身影。除了電視劇集的主角奇皇后之外，根據相關歷史文獻的記載，這一些來自遠方異國的高麗女子們其實在元朝宮廷與政治權力核心圈，甚至是皇帝喜好的各種宗教藝術活動中，都扮演了相當重要的角色。[3]

明朝宮廷中的「高麗妃子」

除了《奇皇后》劇中所提及的元朝宮廷中不乏高麗妃子之外，明朝宮廷中也有不少的朝鮮婦女在宮廷中生活，也有多位妃子出身高麗，例如：《明英宗實錄》在宣德十年三月初一日條下便有相關記載，提及此事的經過概要：「放朝鮮國婦女金黑等，五十三人還其國。金黑等自宣德初年取來，久留京師。上憫其有鄉土父母之念，特遣中官送回，且諭其國王悉遣還家，勿致失所」。[4]宣德十年元月

紫禁城小知識

「天魔舞」的真實面目

歷史語言學者們曾利用藏語文獻進行考證，文字記載中所謂的「天魔舞」，其實就是源自尼泊爾的一種結合呼吸、舞蹈動作、宗教觀想的特殊宗教舞蹈。至於為何要有女性們參與，則是因為必須由女信徒們扮作「空行母」進行舞蹈，而成一種密教修行法門。卓鴻澤先生曾對元順帝修習秘密佛法的細節，進行過詳細考證。相關討論可參見其著作：卓鴻澤，《歷史語文學論叢初編》，上海：上海古籍出版社，2012。

宣宗崩逝，英宗皇帝即位，但直到次年方才改元。因此，上述的這一段史料文獻的內容，應該是時年九歲的小皇帝即位後為懷柔仁政所發佈的諭令。放歸宮廷中的朝鮮婦女們，並派宦官護送，讓她們可以平安返回家鄉。

《明太祖實錄》與《明史．朝鮮傳》的記載中，則提及了高麗使臣周誼的女兒，曾在元朝末年進入宮廷，後來又在元順帝出逃後，被明太祖納為周妃。這一位經歷不凡的周妃更在日後生育了岷王朱楩、韓王朱松兩位藩王。當時的高麗王朝為了與明廷建立關係，更多次派周誼等人出使明朝，想要擴展雙方的交流互動。除了明顯的想增加邦交情誼外，自然更有姻親血緣的情誼存在其中。

有鑑於雙方私下的各種淵源，當時朱元璋便對負責接待高麗使臣的遼東都指揮使特別交待，他強調高麗官方指派周誼出使的真正目的，其實並不單純，而是別有特殊用意。朱元璋認為：「高麗數以誼（周誼）來使，殊有意焉」。由此可見明太祖朱元璋不僅納有高麗妃子，她們更為明朝皇室生育王子，成為宮廷中的重要女性皇室成員。高麗官方明白明代宮廷的情況，很有可能利用這一層兩國之間聯姻的親緣關係，嘗試達成一些外交上的政治目標。

畢竟，俗語不是說「有關係，就沒關係」，人際往來之中時常需要一些媒介與中間人來溝

通雙方的意見，更何況是國家之間的互動往來。高麗方面派出周誼出使明朝，自然極有可能試圖借重宮廷中的高麗妃子，更何況這一種人脈非同一般，直達御前天聽。當然，為了照顧宮廷中為數不少的高麗妃子，朱元璋也因此藉機向高麗索要二百名閹人宦官來充當宮廷的僕役。

一直到明成祖時，宮廷中依然延續了這種選妃的趨好風尚，成祖大肆索取眾多高麗妃子，甚至有「朝鮮貢女充掖庭」的說法。成祖一朝納有權妃、任順妃、李昭儀、呂婕妤、崔美人等多位高麗妃子，而後來的仁宗、宣宗兩朝亦是如此。[5]另外，透過一些圖像史料，例如：《宣宗行樂圖》、《四季賞玩圖》等圖卷之中，我們也略能看到明宣宗時代的宮廷生活。這些記載明朝皇帝生活的圖卷有不少的宮人出現其中，宮人們衣著的色彩形制，配色設計，常讓人乍看之下有種和朝鮮服飾配色類同的感覺。或許，這不一定是由於朝鮮自視為「小中華」，也可能是因為宮廷中本來就有不少的朝鮮宮人生活其間，進而形成的文化特殊氛圍。

明成祖生母的學術論爭

宮廷之中，總是充滿各種真偽不明的傳聞。由於明朝歷代皇帝廣納高麗妃子的緣故，所以關於明成祖生母究竟是誰的歷史疑案，也和高麗妃子脫不了關係。民國初年史學界曾為此案有過筆戰論爭，著名學者朱希祖、傅斯年、吳晗、李晉華等人都曾撰寫專文討論，各種說法紛呈。這個問題曾經引起了不少學者們的注意，成為了一時的學術爭議熱點。

其中，便有一說提到了明成祖生母可能是「碽妃」，碽妃極有可能來自高麗。但碽妃的生平近似傳說，官書缺乏記載。歷史學者朱希祖便曾在其《明成祖生母記疑辯》中說道：「若高麗果有過碽氏為太祖妃或成祖母，則高麗史亦必大書特書，載其家世，如元順帝皇后奇氏矣」。

所以「碽妃」是否為明成祖的生母？可以說是成為了各方爭論的焦點。若碽妃生平為真，來自高麗，而且真為太祖妃，且為成祖生母一事，並非後人臆想偽造，則明成祖即有高麗血統，成為有如奇皇后一般的歷史佳話。這一段歷史懸案論爭文字中，朱希祖便又聯結到了元代奇皇后的掌故，以此來討論考證碽妃的來歷虛實。片斷的史料紀錄下，雖然顯得有些片面，但卻又異常的浪漫神秘。

明初宮廷裡的交阯太監宮人

除了朝鮮宮女們，明初宮廷中還有另外一批來自遠方的宮人群體，也就是自幼被選派赴京入宮的交阯太監們。明初永樂皇帝在征服交阯陳朝，設立「交阯承宣布政使司」後，曾經在當地大量徵召能工巧匠與勞動人力，讓他們舉家搬遷至北京來興建紫禁城。永樂帝不僅妥善安排這些南方匠人們的生活起居，同時也持續地在交阯當地徵召資質優異的各種專業人才前往北京，貢獻技能，服務於宮廷各種相關差役。

另一方面，永樂皇帝為了長期培育熟悉宮廷的專業人力，明廷也徵召了不少交阯當地面貌俊秀的年幼男童們，送至宮中內廷，妥為照顧教育，讓其讀書識字，成為內侍宦宮中的相關專職人才。這些交阯宮人們很是天資聰慧，不僅在宮廷中當值應差的表現出色，還逐漸形成了一股交阯宮人的內廷勢力。其中，交阯宦官中甚至還出現了不少具有宮廷建築才能的專業內侍，負責了明代初期紫禁城建設的重要工程任務。

交阯太監之所以特別在建築事業上有亮眼的表現，其實和永樂帝的意志脫不了關係。永樂帝當時投入了大量的人力、物力擴大紫禁城宮殿群，要將北京建設成為國家的新都。這不僅動員了全國各地的能工巧匠與衛所兵丁作為基礎勞動力，更經年累月的進行建設工作。

根據日本學者新宮學教授的研究，當時北京為了興造營建各處宮殿，因此在京畿周圍增設衛所，並自鄰近各地的衛所徵調大量兵員，作為大型工程勞動力的基本來源。另一方面，宮殿群的基礎建設初具規模後，為了補充宮廷日常生活基本運作的各種雜役差事，永樂皇帝也大量從朝鮮、交阯徵用人力，作為紫禁城中宮人們的補充人力資源。根據《明太宗實錄》卷六十四中的相關記載，永樂五年（1407）二月，明成祖朱棣敕諭征安南總兵官張輔在安南一帶徵集工匠人才送至北京。[6]

從永樂五年至永樂十一年，這樣的專業工匠甄選工作，前前後後總共進行了三次，首批起送人員數量約為七千七百人左右，第二批起送人員約為九千人，第三批起送人員數量則約為一百三十餘人。明廷當時從交趾總共搜羅的各類匠役造作人才在最高峰時，總人數達到一萬六千餘人，動員人力的規模可說是相當龐大。為了妥善安頓相關人員，明朝政府也做了許多安置工作。

史料中便記載永樂皇帝的多項相關指示：「上念南土遠來不耐寒，命工部悉給錦衣」；「上以冬月氣寒，南荒之人不耐，命工部遣官以綿衣靴襪，即途中賜之」；「命所司給鈔米衣服居

室，病與醫藥」。一方面提供禦寒衣物，一方面則提供經濟支援與醫藥方面幫助，讓交阯匠人們能夠漸漸適應北方氣候。為了修建紫禁城，明廷不得不付出龐大的人力、物力，甚至是想盡辦法來徵集各方的能工巧匠。身賦專業技術的能工巧匠可以說是一種極為稀有的人力資源，營造都城宮殿如此大型建設需要的技術人材數量更是空前規模，這一點即便在現代也是如此。

交阯起送的各類匠役人員之外，明初朝廷特別徵發的交阯人員，便是上述文獻中提及的送選幼童們。明廷特別派遣官員教導他們讀書識字，研習典籍經史，提高文化素養。永樂皇帝投資了大量的人力物力規劃這樣的長期培訓，是為使交阯幼童們擁有專業技能，有機會未來成為一等內侍近臣，為朝廷所用，其成效也相當不錯，例如紫禁城營建者之一的交趾太監阮浪便是成效之一。[7]《明史．宦官傳》中對於此事也有一些簡略的文字記載提及英國公張輔在交阯當地選出俊美秀逸的幼童，一同歸國，朝廷將這些幼童選為宮中內侍太監。

除了明代官方文獻外，在越南的重要史書《大越史記全書》卷八也可以看到：「明人入東都……多閹割童男」的側面記載。[8]上述這兩則史料都提及，交阯一帶被選赴至京的對象，主要是外表俊朗秀美，樣貌較為出眾的交趾幼童，年齡大約十餘歲，起徵至京，送進宮中候用。宮廷中當差做事，某方面即是天朝皇家的體面，因此外表俊秀，模樣體面，自然也就必要條件之一。

這一些幼童們接受訓練後進入宮廷擔任太監，並在內廷各監司當差任事。內官監屬於明代宦官的十二監之一，掌管木、石、瓦、土等十作，負責營造宮室等事，相較於其它內侍們，交阯幼童常被安排的各監司，多半是技術性較強的內官監，例如：阮安、阮浪、阮白等人即在內官監中當差任事。當時明初紫禁城興建，交阯太監們因緣際會參與其中，發揮其建築上的長才，在營造過程中做出了相當重要的貢獻。交阯宮人們與朝鮮宮人們的貢獻與其在宮廷中的重要性，也引起了史學研究者的注意。[9]

越南史研究學者張秀民教授在《中越關係史論文集》也曾舉太監阮安作為例證，阮安於永樂五年被甄選入宮成為宦官，奉旨負責營建北京宮殿建築，當時的他年紀大約二十多歲，但不僅參與了明代永樂、正統兩朝營建紫禁城的各項重大工程，並且還主持完成北京內城各項輔助建設的營造工作，包括城門樓、月城、城濠、橋閘等。

阮安等交阯宮人因為傑出的能力與表現在宮中頗受重視恩寵，不只擔任各項重要職務，更逐漸形成一個甚有實力的團體，張秀民先生甚至以「交阯派」稱之。相較於朝鮮宮人，交阯宮人在宮廷日常生活中所扮演的角色，亦是舉足輕重，可以說是一股不容忽視的重要政治勢力。[10]

延伸閱讀：

1. 朱子彥，《後宮制度研究》，上海：華東師範大學出版社，1998。
2. 陳學霖，〈宣宗朝鮮選妃與明鮮政治〉，收於氏著《明代人物與史料》，香港：中文大學出版社，2001。
3. 陳學霖，〈洪武廟朝鮮籍宦官史料考〉。收於氏著《明代人物與史料》，香港：中文大學出版社，2001。
4. 陳學霖，〈海壽：永樂朝一位朝鮮籍宦官〉收於氏著《明代人物與史料》，香港：中文大學出版社，2001。
5. 陳學霖，〈明代安南籍宦官史事考述：金英、興安〉收於氏著《明代人物與史料》，香港：中文大學出版社，2001。
6. 萬明、張兆裕等編，《北京城的明朝往事》，山東畫報出版社，2008。

第三章

紫禁城裡上學去：明清時期的皇子教育

明朝在皇子教育的制度規定上，皇太子年屆八歲，即由禮部題請「東宮出閣講學」，也就是奏請正式開始進行太子的皇家教育工作。但有時皇帝擔心太子年紀幼小，不堪勞累，也有推遲至十歲方才接受教育的例子。像是萬曆皇帝年屆八歲時，隆慶皇帝對於禮部的奏請，批示「年十齡來奏」。後來，雖有張居正等人向隆慶帝呈上〈請皇太子出閣講學疏〉，請求讓太子早日讀書。但在此事的議論上，隆慶皇帝卻將奏疏留中不發，不予通過，也沒有再另行交由臣子們再作論議，皇太子就學一事依然維持原議。

張居正曾在奏疏中認為年幼的萬曆已經年滿八歲，早已不是襁褓之中的嬰兒，而且這段時間正是：「聰明初發之時，理欲互勝之際」，必須好好把握這段教育的黃金時期。他強調就學讀書務必趁早及時，才能使皇太子早日成材，為聖君賢王的政治志業提前預作準備。可是卻沒有成功，直到隆慶皇帝崩逝後，隆慶六年八月初八日，張居正即進呈一道奏章，奏請萬曆皇帝在同年的八月中旬，便正式在文華殿進行「日講」的學習，並且更規劃在明年春天即舉行「經筵」儀典。[1]

明代的帝王教育：「日講」、「午講」與「經筵」

即便在皇太子為成為皇帝之後，基於經筵與日講是長時期的培養一國之君所需要的經典知識，因此活動都會依然持續。例如明孝宗皇帝崩逝後，武宗才剛繼位不久，大學士劉健等人便向武宗奏請舉行日講，並且在次年二月便開設經筵。也因為有明武宗開設經筵的先例，張居正也奏請盡早開辦「日講」與「經筵」。

紫禁城小知識

經筵

明代「經筵」其實是由一系列典禮規儀構成的教學活動，明朝初年時並沒有明確的舉行日期與固定的講學場所。但是隨著時間「經筵」漸次發展出相關的配套措施，到英宗正統年間有了相關的正式規儀。《大明會典》中記載：「國初經筵無定日，或令文學侍從之臣講說，亦無定所。」

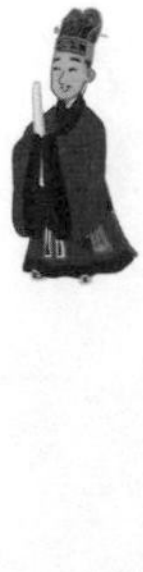

正統初，始著為儀，常以月之二日，御文華殿進講，寒暑暫免」。經筵舉行日期，是每月初二日、十二日，以及二十二日，每月在文華殿舉行三次經筵。具體的「經筵講期」時間，萬曆元年五月朝臣們也議定了一個明確日程。「春講」固定由二月十二日開始舉行至五月初二日結束。「秋講」則是由八月十二日開始舉行至十月初二日結束。

實行細則上也有相關的細節規定，例如參與成員職務等。禮部負責的大臣們為提高皇帝學習儒家經典的效果，也用心設置一個良好的教學環境。《大明會典》中詳細記載「經筵會場」的佈置情況，包括：御座的位置，講官們所坐的「講案」位置等。經筵儀式的詳細進行程序在《大明會典》中也有很明確的說明：皇帝御座坐向，進講官員站立的相對位置，以及經史書籍排放方式，儀式中的贊禮、叩首次序等，都有一定規定成例。

這些的課程每天是這樣執行的，在「日講官」開始講授課程內容前，皇帝先會自行誦讀《大學》十遍、《尚書》十遍，之後再由講官開始授課。待講官授講完畢後，皇帝先至文華殿

「煖閣」休息片刻，同時閱覽由「司禮監」太監們呈上的各衙門奏章。而講官則退至文華殿西廂房。這時皇帝若是對各衙門呈上的奏章有疑問，便可以就近向講官們諮詢建議。待批閱完奏章後，再由講官們率領「正字官」輔導皇帝練習書法，端正字體。

書法課程結束後，則是看皇帝當日意願，決定是否有第二次的課間休息時間。如果皇帝表示不進煖閣休息，便繼續學習，講官們會再接著進行「午講」。所謂的「午講」主要的內容是《資治通鑑》的節要選讀，講官教學任務是用淺白的方式講述出歷代興亡史事，

紫禁城小知識

日講

所謂的「日講」是依照著一定規章進行的教學程序，讓皇帝可以依照規範的日程與教學內容，熟悉儒家重要經典。教學進度依照張居正參酌明朝歷代日講制定章程，為萬曆帝擬訂的「日講儀注」。教學內容則以萬曆帝在東宮時便已經熟讀的《大學》、《尚書》等經典作為基礎。授課日程除了視朝之日可以暫免講讀課程外，除非大寒、大暑，或有風雨，日講才會暫停，其餘的日子都依照規定，照常進行。

教導皇帝認識其中的興替道理。如果皇帝對於選讀內容有疑問，講官會再用通俗的言語進行更為詳盡的說明。待「午講」正式結束，皇帝便會回宮休息，一天的授課至此完畢。

不過，皇帝的一天並沒有結束，他還有回家作業需要完成，必須進行課後溫習。依照張居正的規劃與建議，萬曆皇帝必須溫習當天閱讀過的經書內容，並且抽空練習書法，習字一幅。為了提高學習的效果，皇帝的日常生活作息也有詳細規定：皇帝在每日日出時分進用早膳，之後在日講結束後再用午膳。

課程安排的進度上，依照萬曆皇帝的例子來看，皇子教育的時程可以說安排地相當緊湊，並且學習上有一定的難度。例如：萬曆元年正月初五日，朝廷就傳諭將於正月初七日開始日講課程，就連年節其間也要維持學習的進度。此外，張居正並於萬曆元年十月初十日，呈上奏疏，請求擇日舉行經筵。張居正在奏疏中呈請次年的二月初二日前後，便要正式舉行經筵儀式。不只如此，他在組織專業教學團隊這一件事情上，也下足了功夫。其中，由萬曆皇帝首先任命成國公朱希忠擔任「知經筵官」，並任命大學士呂調陽擔任「同知經筵官」。再任命侍讀大學士王希烈為「經筵官分直侍講」，以及丁士美、陶大臨、陳經邦、何雒文、沈鯉等人擔任講讀官，這些人都是當時的一時之選。

皇家教科書：《帝鑑圖說》與帝王教育

張居正為了萬曆帝還費盡心力規劃了《帝鑑圖說》這一本帝王教育的啟蒙讀物。《帝鑑圖說》為隆慶六年十二月十八日於文華殿進講時，張居正率領講官們進呈的，作為日講教學的重要教材。《帝鑑圖說》在內容規劃上甚有創意，書中內容共分成兩個部分，一則是聖哲規範，一則狂愚覆徹，也就是分別從正反兩面陳述歷代帝王的言行事例，供皇帝學習。具體內容規劃則是按照時代順序，呈現自堯舜以來至北宋歷代帝王的重要言行，並選取其中「善可法者」八十一件事例，以及其中「惡可戒者」共三十六事，逐條以圖文併茂的方式介紹說明，同時註有褒貶。每一事例都配有傳記白話直解與配上精美的插圖。

《帝鑑圖說》一書被分成兩冊也有特殊的易學含義。一冊八十一事，另一冊為三十六事。張居正在〈進《帝鑑圖說》疏〉中寫道，由於「善行」為陽，是吉數，故用九九八十一的單數，象徵陽數。另一方面，惡行劣跡為「陰」，是凶數，要使用六六三十六的雙數，象徵陰數。除此之外，書名上也有所講究，張居正等人引唐太宗「以古為鑑」之意，將此書稱為《歷代帝鑑圖說》。不過在《明實錄》與張居正《張太岳文集》等歷史文獻記載中，書名多半是寫

作《帝鑑圖說》，作為習慣的名稱說法。

《帝鑑圖說》的設計用意，張居正也曾經詳細的說明過，可以分成兩方面來討論。一、他希望透過此書有效地增加萬曆皇帝關於歷代政治得失的知識，他寫道：「竊以人求多聞，事必師古，顧史家流，亡慮千百，雖儒生皓首尚不能窮，豈人主一日萬幾能遍覽。」[2]亦考量到皇帝一日萬機難以遍覽史書，於是透過《帝鑑圖說》圖文並茂的內容，使年幼的萬曆皇帝更有效地增加對於歷代政事得失成敗的理解。二、《帝鑑圖說》也帶有道德規勸的意味，希望皇帝能夠在學習過程中，吸取前人教訓，實現仁德善政，成為後世尊崇的模範。

《帝鑑圖說》與君臣間的教學問答

萬曆元年十月前後，張居正進講《帝鑑圖說》時，講到宋仁宗不喜珠玉的故事。萬曆皇帝聽完後便講「國之所寶在於賢臣」，他認同君王應當重視賢臣，而不是專注在珠玉寶物之上。張居正趁著這個機會便進諫萬曆帝：「明君貴五穀，而賤金玉」。意思是糧食五穀可以養人，所以古來聖王都相當重視貴之。金玉雖然珍貴，但是卻「饑不可食、寒不可衣」。

這次進講的同時也引起了萬曆皇帝對於宮中婦女的開銷費用的想法。他談到每年都會按例賞賜宮中婦女各種飾品，但是因為重視節省，以致宮人們對賞賜內容頗有怨言，讓萬曆皇帝只好常用宮中府庫藏儲積累不足，作為節約開支的托辭藉口。[3]除了宮中人外，萬曆帝和張居正也討論到李太后外戚家武親伯李偉倚侍恩寵的問題，他們屢屢要求賞賜，更常有不法的濫權情況。萬曆皇帝甚至在日講中，向講官們說出了心聲，強調外戚家為何不守法律，自己總得「委曲調停」，他們常濫用外戚家人的權利，不知要安份守法讓他十分困擾。

除了評論宮中人花用支出等問題外，萬曆皇帝與張居正在進講的過程裡也談到對於明朝歷任皇帝的評價。張居正對於明代皇帝的各種失德怠政並不迴避，反將其作為教材，明白地指出領導者的過錯。《國榷》曾經記載萬曆四年三月前後，張居正在進講《帝鑑圖說》時，討論唐玄宗在勤政樓宴請安祿山的事件。兩人的話題一開始圍繞著唐代開元之治到安祿山變亂漸起的發展，接著張居正話鋒一轉，談到了明世宗嘉靖初年重視農民生計，勤於政務，但是晚年迷信道教，崇尚玄修，政務荒廢的故事。張居正講到明世宗的政治得失，最後引用《大寶箴》的內容，強調了「民懷其始，未保其終」的看法，希望皇帝能慎始慎終，為國家長久之計多多著想。

張居正不但將《大寶箴》列為補充教材，平日更以《大寶箴》當作皇帝練習書法的影格底本，讓萬曆帝可以在臨帖習字的同時，也學習到《大寶箴》其中的規箴內容。更為加深皇帝的印象，他還奏請皇帝不只是練習書寫文字，也要背誦熟記，最好還要能夠通曉內容要旨，才是真正對學習帝王之道有所助益。

除此之外，為了強化《大寶箴》的學習效果，張居正更親自編寫一篇《大寶箴》註解，希望萬曆皇帝能夠熟記並完整背誦下來。果然，經過一段時間的學習後，萬曆四年二月十九日，萬曆帝在文華殿完整地背誦出了《大寶箴》。從當時的文字記錄我們可

紫禁城小知識

《大寶箴》

張居正選用的進講教材其中有一本名為《大寶箴》，此書是唐太宗時，由書記官張蘊古進呈御覽的規箴。書名當中的「大寶」，係指人君所居的君王寶位，而以「箴」為名，意指「儆戒之辭」，也就是君王在日常中應當恭敬遵守的相關規定與原則。由於君臣上下有別，為人臣子者不敢直接規勸天子，因此稱這本書為《大寶箴》，有著婉轉表達儆戒規勸的

以看到，當天皇帝高聲一字不差地背誦了一遍，聲音清亮悠遠，語音餘響繞殿。文華殿中官員與左右侍臣，無不感動欣喜，共同稱慶祝賀。

意思。《帝鑑圖說》有則條目：「納箴賜帛」中寫著一段很生動的說明，淺白直接地說出了《大寶箴》的重要。「這箴中的言語，字字真切，句句有味，從之為堯舜，反之為桀紂。人君尊臨大寶，須把這段說明，常常在目，做個箴規，方可以常保此位，所以名為《大寶箴》」。

實務案件分析，結合政治決策的教學方式

萬曆元年九月，在「日講」教學中，萬曆皇帝像張居正請教了任命吏部尚書人事案的意見。《明實錄》中記載了當時兩人在文華殿中，討論了吏部銓曹中吏部尚書人事案的詳細過程。當時吏部共提供了三個人選，葛守禮、朱衡與張瀚。萬曆皇帝在聽取了張居正對於三人的履歷簡介後，做出了以下的決策。

萬曆帝認為葛守禮雖然是品性端正之人，但是年紀較大。而朱衡的外界評語不佳。所以

詢問張居正是否任命南京工部尚書張瀚轉任吏部尚書，最為合適。張居正奏稱回答：「上得之矣」，表示皇上任命得人。張居正認為張瀚品格甚高，文學政事皆有專長，足以擔當此任。同時他也認為皇上的任命出於一般意料之外，特別將張翰由南京提拔至北京，張瀚必定感念皇恩，力求報效。

由此教學案例中，我們可以看到張居正作為帝師，利用日講教學，不只教習歷史經驗故事，更引導皇帝在實際人事任命案的處理上，學習做出正確決策。同時，也透過實務機會，讓皇帝更了解人事任命應該考量的重點為何，進一步培養領導統御能力。

日講除了政治決策案例討論，有時候也會深入到更具體的案件處理，以及國家律法。例如萬曆三年四月前後，張居正與萬曆帝討論錦衣衛都督陸炳一案。張居正說雖然已經身故的錦衣衛都督陸炳在生前建有功勳，曾經在行宮火災之中，搶救嘉靖皇帝。但深受皇恩後，恃寵而驕，作威作福，這同時也是陸炳無法逃避的罪行。

正所謂國有國法，依照大明律法，只有謀反叛逆罪，才會沒收家產充公，其它的罪名沒有這項處罰。陸炳身後家產已經被追討散盡，後代子孫貧困無依，生活情況有如乞丐一般。況且沒收家產充公的處罰之外，也沒有再另外追討賦稅錢糧的規定。所以張居正認為如果再加重罪

責，窮治其罪，陸炳後人子孫只有死路一條。而陸炳並非犯下謀逆造反之罪，並曾有保駕護主的功勞，所以不讓其唯一的後人得一點庇蔭保護，恐怕不合人情世理。在經過這一番討論後，皇帝也同意旨意司法官員處理，從公議定詳勘陸炳生前功罪與家產問題。

最後，朝廷核定陸炳家產已經盡數充公，子孫相關連累入罪的人犯，都應酌情減刑。這一件案子涉及到情理與國法的考慮權衡，還有皇室尊嚴的維繫。張居正可以說透過了教育，讓這件案件完成了多方面的目的，讓皇帝學習政事處理，同時也可以將前朝累積下來的複雜政治問題得到妥善的安排。

阿哥們上學去：清朝尚書房與皇子教育

相較之下，清代的皇子教育則重視「國語騎射」，相關的教學建置務必使皇子們一方面知曉滿洲語言，另一方面武藝上也能騎馬射箭。明清兩朝的帝王教育上有著相當大教學內容的差異，連教學場所也都不一樣。不同於明代在「文華殿」，清代在「尚書房」中設立了皇子教育的相關人員建置，由專職的師傅教授皇子們文化知識。

根據《大清會典事例》記載，皇子六歲以上，即要到尚書房讀書學習，皇孫，皇曾孫也都比照辦理。教學師資方面，則是揀選大學士、尚書、翰林等。同時也選派滿洲、蒙古，大臣、侍衛數人負責教導國語騎射。乾隆十三年，乾隆帝在〈御製宗室訓〉中更特別強調宗室子弟學習「國語騎射」，並閱讀漢文經典，學習詩文的教育內容，安守「讀書守分」，讓子弟們都能明白知識「孝悌忠信禮義廉恥」的做人基本道理。[4] 乾隆帝更命人將〈御製宗室訓〉錄寫一份，特別懸掛在「尚書房」，希望使讀書上學的皇子皇孫們都能夠「觸目儆心。敬紹予志」。

所謂的「國語騎射」，「國語」指的正是讓皇子們學習滿語，熟練地使用滿族語言文字。由於滿族是由馬背上取得的天下，因此國語外，騎馬與射箭的技藝也是皇子們教育的重要一環。「國語」與「騎射」可以說是滿族文化的根本，也就理所當然地成為了皇子教育的主要內容。[5]

不過，不管規定再怎麼詳盡，人性總是比較傾向逸樂閒散。尚書房的教學長久執行下來，漸漸地出現了一些狀況，但不同於一般印象，學生總是製造麻煩，尚書房的問題出現在教書的師傅們身上。依照尚書房的規定，師傅們應當每年春分以後，在每日申正時刻退值下課；每年在秋分後，則下課時間可以提早，於每日申初時刻散館下課。但是久而久之，尚書房的師傅們

漸漸開始不太遵守舊日章程辦法，上下課時間沒有依照規定，只將每日散館的時刻告知管門太監，登記備案，以便稽核覆查。而管門太監們也沒有認真詢問，將散館時刻詳細登記。

長久下來，日漸懶散的尚書房師傅們提早散館，不按時上下課的事情，再也紙包不住火後，終於被嘉慶皇帝知道了此事。

嘉慶十一年十一月前後，嘉慶帝特別頒下諭旨，要求當值的師傅們必須依照規定按時上下課，並且由管門太監認真登記，不可任意提早散館。如果有被發現師傅們任意提早散館，沒有詳細登記，一經查出，必定嚴厲究責處罰。《史語所藏明清內閣大庫檔案》也記錄了這則上諭，且詳記後來尚書房師傅萬承風、桂芳、戴殿泗等人被究責議處，罰俸半年的相關記載。[6]

後來經過一年的考核觀察，嘉慶十二年十月中旬前後，嘉慶皇帝做出裁示，他認為尚書房師傅戴殿泗：「老實無能，本不稱師傅之任，今又誤班獲咎」，諭命師傅戴殿泗退出尚書房，並罰俸三個月，以示懲儆。同時，為了提高教學品質，嘉慶皇帝更換了尚書房的教師班子，並任命王懿修擔任尚書房總師傅。[7] 為人父母的，沒有不為了孩子們的教育憂心煩惱。嘉慶帝即便貴為天子，也免不了要為孩子學習讀書煞費苦心。

透過乾隆帝、嘉慶皇帝的訓令與諭旨，我們可以看到清代皇家教育的特殊內容以及用心良苦。不過其實當尚書房的師傅們也不容易，一方面要辦理公事，另一方面又得教育皇子皇孫們，還加上皇帝的特別關心，是一件挺費神累人的苦差事。

延伸閱讀：

1. 韋慶遠，《張居正和明代中後期政局》，廣州：廣東高等教育出版社，1999。
2. 朱東潤，《張居正大傳》，上海：上海書店，1989。
3. 黃仁宇，《萬曆十五年》，臺北：臺灣食貨，1994。
4. 邱仲麟，《獨裁良相：張居正》，臺北：久大，1989。
5. 林麗月，《奢儉．本末．出處：明清社會的秩序心態》，臺北：新文豐，2014。
6. 林麗月，〈讀《明史紀事本末．江陵柄政》：兼論明末清初幾種張居正傳的史論〉，《臺灣師範大學歷史學報》（1996.6），第二四期，頁41-76。

第四章

皇帝眼皮下的民間祕密宗教（上）：真假白蓮教

清朝乾隆至嘉慶年間曾經發生一系列影響甚深的民間秘密宗教活動，相關案件屢禁屢起，大小亂事更是接連不斷。乾隆皇帝特別認為查辦邪教案絕對不可姑息，但也不能波及無辜，務必要留心處理：「但屬有此亂民，皆吾君臣不能化民之愧也」，對於不能妥善教化百姓，他感到相當愧疚。下面將由白蓮教徒開始談起，從真真假假的訊息中，試著將眼光漸漸由熟知的歷史敘事，移向陌生而神秘的民間秘密宗教世界。

真假白蓮：乾嘉以來庶民社會對於白蓮教的恐慌與想像

清朝民眾們其實相當害怕白蓮教等民間秘密宗教團體的叛亂活動，甚至會出現集體性恐慌與反常的行為。每次有案件發生都會造成各種繪聲繪影的傳聞。嘉慶朝時盛大士（字子履，嘉慶五年舉人）便曾在其所輯《靖逆記》序言提到當時關於天理教起事的街談巷議。

盛大士寫道：「甲戌（嘉慶十九年）中春，余計偕北上，道經山左，遇客自軍中來者，備述齊、豫用兵事。及至京詢及林逆搆亂，都人士言之甚詳，因綴錄所聞……。」盛氏赴京途中跟在京城裡聽聞眾人交頭接耳，人心浮動與議論紛紛。故宮博物院典藏的《嘉慶朝宮中檔》也有一段關於襄陽、安陸等地白蓮教叛亂的記載。裡面寫道當地鄉村被無賴棍徒所偽裝的白蓮教徒攻擊，飽受驚嚇，眾人四處奔逃。大概在嘉慶元年夏季開始，安陸地方就一直被盜匪侵襲蹂躪，地方鄉里市集中的百姓們只要聽聞盜賊要來了，便會驚慌逃散。地方上便有一些無賴的光棍利用這樣情況，趁百姓們逃離住所躲避賊匪的時候，進到百姓家裡，搶奪家中的物品。有時候，這些光混甚至還會真的尾隨盜匪到搶掠的地方假裝自己是白蓮教，以此嚇散鄉民，再趁亂搶取財貨衣物。[1]

清朝檔案文獻也特別指出「白蓮教」有時並不一定是民間秘密宗教信徒所發起的叛亂活動，反而變成了一種誣告他人入罪的罪名。

舉例來說，嘉慶十年六月前後，北京便發生革職護軍為逃避債主索討積欠銀錢，便動心起意用白蓮教的名義舉報債主習教，意圖以「白蓮教」為名義，匿名向官府舉報呈詞，希望能聳人聽聞，讓債主被捕。[2]利用「白蓮教」犯罪的案件中，有人用咒語來騙誘信眾，有人用邪教來誣告指控對方，更有不肖匪徒裝扮為白蓮教教徒來恐嚇鄉民，試圖「趁火打劫」、「頂替假冒」圖謀私利。[3]

這一類的犯罪導致了造成百姓們常常集體逃離村落，盜匪們又利用百姓的恐懼心理來搶

奪擄掠。我們可以看到這些邪教叛亂所帶來的恐懼，已經到了杯弓蛇影的地步。更常常地方鄉民百姓們的無知愚昧又擴大了邪教的恐懼想像。有時傳聞的本身，較真實的事件，更加駭人聽聞。

對於清廷而言，這些遊手好閒之徒就是盜匪的成因，多半用「遊民」或「無賴棍徒」稱之。事實上，無論是「無賴」、「游民」或是「客民」、「棚民」等在清朝檔案的記載中，常以都是用「單身往來，蹤跡無據」、「行蹤詭秘，來去靡常」來形容。因此清朝官員們在偵查流動人口時，不只是搜查可能存在的邪教信徒，更是要加強化對於百姓的管理。可以說，清廷對於地方上各種流動人口因為這些原因採取著相當有敵意的態度，甚至對四處雲游行腳的僧人、道士，以及供給托缽僧侶掛單的寺廟，都採取嚴格的管理。

清代官方對京城內外的官私廟宇特別加強管理，尤其於每年歲末時，會派員稽查尋訪有無「游方僧道」、「陌生可疑」與「來歷不明之人」。從《嘉慶朝外紀檔》的記載可以看到嘉慶四年十二月中旬，京城特命步軍統領衙門、順天府、五城御史派員稽查內外官私廟宇，查訪有沒有「外來游方僧道」與「面生可疑，來歷不明之人」。[4]

嘉慶六年也有諭示要求京城官廟不准招租。私廟雖可出租，但飭令負責管理僧道人必須查明租住廟宇的人，據實呈報給官府存案備查。來歷清楚的人，才可以被准許寺收留住宿。嘉慶十八年（1813）天理教亂事的前後，地方上教亂不斷，清廷對於京城內外官私廟宇的管理更是越來越嚴密。京城內官管廟宇由禮部、內務府及步軍統領等衙門各派員隨時查察。京城內外私營廟宇，則由交步軍統領衙門、順天府、五城御史、督理街道衙門一同不時派員稽查。[5]

北京城中許多佛寺、廟宇、道觀都有留宿、收容僧人、道士等外來人的習慣。外來人口在京城並不少見，嘉慶朝上諭檔裡面便寫到下京城的水伕多是外來的山東籍移民。嘉慶六年四月十一日記錄著一起故事：山東籍挑水水伕寄居在京城西四牌樓附近的「九天廟」，向管廟道士租賃廟中的閒置空房。後來，這一群水夫因為細故，失手殺死了一位一起工作的夥計林聰。意外發生後，這些人把房間的門鎖起來逃走，後來才被官兵們發現。他們還在廟後埋藏了林聰的屍身。[6]其實也不能怪朝廷對於北京京畿一帶寺廟嚴格查察、禁止留宿，或將閒置房屋租賃民人。事實上，流動的人口多了，自然免不了有許多紛爭，也容易發生意外，這麼做也是為了防患於未然。

白布施咒暗害人案件：庶民日常生活中的邪教想像與恐懼

當朝庭積極處裡流動人口與假借宗教之名犯罪的當下，官方與民間的各種恐慌卻開始形成了一種互相交流的狀況。這些恐慌的反應引出了大量有關『邪教』的謠言。在專門登記抄錄外省大臣奏報的檔冊《外紀檔》中有個案例是這樣的：

嘉慶二十二年（1817）直隸河間府吳橋縣民任忠赴京告白蓮教。根據任忠的供詞，任家人本來在吳橋縣的開店居住，一向以織布為業。但他的族叔、族姪、族孫、胞弟等人，卻去拜了民間秘密宗教的教首人物楊八道為師，一同「燒香唸咒」，「施放鞭炮」。不只如此，他們甚至用石灰漿洗布匹，然後用棒捶砸打，試圖在布匹上施行邪術，要害人性命。在任忠的口供中，他認為別人若是將這些已經被施以邪咒的布匹買回去，全家就會因此病故。

在嘉慶二十一年十二月十九日，也就是任忠控告親族前一年，他說，在舅舅和親人的逼迫下，出於無奈，他被迫將被施以邪術的布匹帶到鄰近東光縣的市集上，賣給了高姓靴舖，造成高姓家裡其中一個人亡故。任忠聽說鬧出人命以後，就不敢再回家。後來的一年內，任忠的兒子、兩個姪女、一個姪女婿都陸續過世。這讓任忠心裡更加害怕，他覺得家人的身故不是意外，而是被人念咒害死的，而且這些燒香習教的族人們信奉的可能就是「白蓮教」。他非常擔心一旦族人信奉白蓮教的事被官府查獲，自己也會受到牽連。因此，到了嘉慶二十二年十一月二十一日，任忠便決定要起身進京，想向官府主動控告此事。十一月二十八日，任忠走至正陽門內，便被巡查的官人盤問補獲。

這起案件很值得留意的是，向官府所呈控的任忠，控告的白蓮邪教信徒並不是陌生人，而是他的家人與鄰里間的故舊熟識。他認為被邪術害死則是自己的親生兒子、姪女、姪女婿，還有平常買賣交易往來的人家。供詞中提到的邪術也不是什麼稀奇的事物，而是他日常營生的布匹。無論是燒香唸咒、石灰漿洗、還是棒捶砸打，其實都是任忠日常生活中會發生的事，但卻成了他對於白蓮教的控告，由此可見恐懼確確實實地普遍瀰漫在地方鄉里的日常生活裡了。這個案件或許如同官員們所寫的結論，一切都是因為任忠瘋言瘋語，胡亂編派，但是不可否認的類似案例並不是特例，在《外紀檔》還有清朝官方，其他民間檔案裡都陳述了許多近乎鄉野傳奇般的文字記載，在現實與想像之間流露出對於白蓮教的不安恐懼。

嘉慶年間的「匿名揭帖」控告傳習邪教案件

另一件抄錄於《外紀檔》的邪教控告案則是與「匿名揭帖」有關。所謂的「匿名揭帖」，有時又稱之為「匿名帖子」，顧名思義，就是一種類似現代社會匿名黑函的文書，時常用來匿名指控一些相當嚴重的犯罪事件。這不只是現在常常發生，在清朝檔案記載，「匿名揭帖」也時常出現在民眾出面控告邪教與謀反的案件中。

在當時「匿名揭帖」最常出現的樣貌是被張貼在人群聚集來往的街市、鐘樓，和鼓樓等處。其中一起匿名揭帖控告邪教的案子，就發生在嘉慶二十二年十二月前後，直隸滄州人劉宗元由於向張玉魁索討積欠的錢，導致張氏不滿，張氏便唆使同樣是欠債戶的王廷倫去河南府告官，並與民人王野亭等人爭訟興案，最後牽連劉宗元入案。其實在劉宗元向張玉魁追討欠錢債，官府還查出張氏私下挪用庫項預徵銀兩，可是卻經張氏串通門丁，略施手段後，劉宗元反而被關押了。

至於「匿名揭帖」控告邪教的發生始末，則是劉宗元因為生病將堂弟劉升官叫來照料他後發生的。劉升官和一位高姓人士一起外出沒有回家以後，便被宣告失蹤，隨後出現鐘樓市街上便出現控訴劉升官「行止可疑，似係邪教」的匿名揭帖。該匿名揭帖的內容如下，內容敘述非常的詳細。

據劉宗元家裡傭工侯文政的口供：嘉慶二十二年十一月十五日，鐘樓上被人貼出了「匿名帖」。帖上寫說滄州人劉升官外貌兇惡，而且行事可疑，更在滄州戶口門牌中沒有查到這個人的相關紀錄。至於供詞中所謂的「形跡可疑」指的是劉升官時而在北京，時而在通州，兩地往來。時至今日，我們可能很難想像時常來往於在北京城和現在早已經被劃入北京市區裡的通州之間，會被認為是時常往返兩地、一件行跡可疑的行為。但對於清代社會而言，移動的本身就是一件值得注意的事件。這段檔案中的敘述正反映著清

紫禁城小知識

「匿名揭帖控告邪教案」的原始口供

劉宗元家中傭工侯文政的口供供詞如下：本年十月劉宗元又赴總督前控告，因病將堂弟劉升官叫去服侍，後來同一高姓人出去未回。劉宗元在省城找尋，至十一月十五日見鐘樓地方貼有匿名帖，上寫劉升官相貌兇惡，行止可疑，係滄州人。細查滄州門牌戶冊並無其人，見他時而在京，時而在通州。又見他吃酒先用手指點酒在

廷對於庶民百姓的各種移動遷徙抱持著各種各樣的懷疑，以及時時刻刻不敢放鬆其警戒之心。

匿名揭帖中的一段話「形跡一富一貧、一紳士一遊匪。正猾疑間，劉升官蹤影不見等語。」透露出當時的恐慌氛圍。也就是說原本不該接近，不該稱兄道弟的兩人，如今相交來往，這就是可疑，可能是潛在民間秘密宗教的信眾，更同時是潛伏的危機。這種在日常生活中展現出的恐懼，不只是移動這麼明顯的事，就連平常飲酒時用手指點酒這樣的餐桌小動作，放在當時的語境裡，也可以意謂著是信仰秘密宗教的某種特殊儀式。這些日常生活中的小細節，若是加上恐懼，便會全然有了不同的意義。

同時，我們從案情經過中也指出一個很有趣

桌，先祭後吃，好似邪教，隨他到了保定府，見他與人呼兄呼弟。訪那人係滄州劉宗元，與他是親伯兄弟，形跡一富一貧、一紳士一遊匪。正猾疑間，劉升官蹤影不見等語。劉宗元又走到串心樓等處，又見有紅帖與前帖話語相同，劉宗元當將匿名帖揭下收存。是月二十八日，將我叫到保定府，給了我呈詞一張……。參見：國立故宮博物院藏，《嘉慶朝外紀檔》，嘉慶二十二年十二月冊，嘉慶二十二年十二月初六日，頁054-055。

的關鍵點：涉案的兩造雖是因錢財糾紛而引起的誣告，但指控其實只是一種表象，更值得多加注意的是書吏在地方司法的運作。他們竟然如此巧炒的運用手段，從捐職九品的官員，到地方官府，與一路爭訟相鬥直至的直隸藩司總督處。「邪教」皆被爭議，這不只意謂著恐懼，也成為了法律訴訟的過程裡攻擊對手的武器、技術與手段。不只在興起訴訟好用，甚至還可以從中謀求個人的利益。

延伸閱讀：

1. 馬西沙、韓秉方著，《中國民間宗教史》，北京：中國社會科學出版社，2004。
2. 清・盛大士，《靖逆記》，上海：上海書局，據嘉慶二十五年刻本景印，1987。
3. 莊吉發，《真空家鄉：清代民間秘密宗教史研究》，臺北：文史哲出版社，2002。
4. 戴玄之，《中國秘密宗教與秘密會社》，臺北：臺灣商務印書館，1990。
5. 梁景之，《清代民間宗教與鄉土社會》，北京：社會科學文獻出版社，2004。

第五章

皇帝眼皮下的民間祕密宗教（下）：狐仙與狐尾

婦人、瘋癲、狐仙：夢境交纏現實的北京民間信仰世界

當我們討論到國家安定的控制力時，清朝的宮廷檔案提供了相當值得注意的材料。特別是管理北京城秩序的重要機構——步軍統領衙門，在《軍機處檔・月摺包》中我們可以找到它對京城內的民間秘密宗教與醫療行為的管制與處理方式。步軍統領衙門作為國家秩序的象徵，在京師管理與維持京城的安定具有特別的指標性意義，透過相關的檔案文獻，我們可以看到圍繞著京城發生的各種民間秘密宗教事件。

北京城的大小事物因為位於權力核心的特殊政治地位，往往使事件產生擴大的影響效果。常常一件單純的小事件會在政治的權力核心激蕩，進而引發出極大的反應。以下，就讓我們從一件發生在北京朝陽門附近的狐仙案件談起，透過曲折的案情，一起慢慢走入北京城裡庶民百姓的宗教信仰生活，一探究竟吧。

狐仙是華北地區常見的民間信仰，但發生在京城裡，往往便被詳細聚焦，而且由官員們詳細的詢問與記錄下來。當時供奉狐仙的信仰儀式，常成為女性民間醫療的人際網絡。嘉慶二十二年六月二十四日發生在北京朝陽門外王家園地方的回民婦人王周氏狐仙案便是個很離奇的案例，文獻記錄為「步軍統領訪獲王氏供仙治病由」。

此處的「供仙治病」，其實指的是供奉狐仙，這位在京城中生活的回民婦人不信仰伊斯蘭，反而崇信狐仙並供奉為人治病。「我娘家在馬駒橋居住。我十五歲時，得了瘋病，夢中一婦人年約六十歲，身穿藍紬衫斜披紅袖自稱：『胡姑姑』，說給我治好病。叫我指她的名給人治病。」[1]根據王周氏的供詞，「胡姑姑」，其實也就是「狐仙姑姑」的代稱，狐仙化身為一個六十歲藍衫的老婦人並成為王周氏醫術能力的來源，讓王周氏可以在朝陽門一帶行術，為人治病。

「朝陽門」一帶，指的是是鄰近大運河碼頭的北京「糧門」，通過運河而來的糧食在這裡經過檢查後藏入糧倉。可是這裡雖看似是四方糧米匯聚之處，但附近其實謀生不一定容易。如同王周氏必須得靠狐仙醫治婦科與小兒科各種消化不良的疾病作為謀生的手段。案例中還有個很有趣的地方：供奉狐仙的供品多是燒酒、雞蛋等，這和臺灣民間信仰中的虎爺祭祀相當類似。這類型的幼兒保護神因為具有動物特質，多半用這一類特殊的供品進行祭祀。我們可以說，民間宗教信仰對於動物神有一種特別的概念，就是可以用一些特殊的祭祀供品來請求位階較低的神明特別關照，可以說是祈請保祐，也可以說是以願望和利益做小小的交換。

上面的案情我們看到「胡姑姑」在夢境中幻化與王周氏，兩者合而為一，成為一個權力認同的標的物。透過她的圖像，王周氏找到了自己在地方社群認同的形象，這使王周氏在王家園這樣一個以王姓為主社群的夫婿鄉里間找到認同。同時，瘋人的形象也附加表現在王周氏的身上，以不穩定的精神狀況配合「胡姑姑」的夢境，加上王周氏處理的瘋症病患，以及參與提供符咒一事的各種佛道僧尼們，種種都提供了社群的邊緣人醫療的社會救濟。

這份文件中出現了大量的邊緣人，從扛運糧食的于六、瘋症的患者、王周氏、街坊中的僧尼夏慶，他們都是經由民間宗教與醫療，相互被串連成了一系列的人際網絡。這樣的人際網絡越趨綿密之下，各種瘋狂的言語、邊緣的人群，以及神秘的民間宗教信仰，作為人類文明的一部分，越是成為清帝國不能迴避的社會現象。

作為北京城的秩序維持者，清朝官方所要面對的是莫大壓力，又加上了嘉慶年間天理教亂事，民間秘密宗教信眾甚至攻入紫禁城的歷史背景。邪術的真偽與否已不是清朝官員們最關心的課題，而是群體，一個有可能成長擴大的社群。乾嘉時期的國家控制力也就展現於此，運用各種措施來阻止一切可能破壞國家秩序的各種潛在敵人。

狐仙與邢大：一件發生在京城的男扮女妝案件

如同《聊齋》裡的情節般，民間信仰的狐仙並不老是住在深山老林裡，它們也得找工作糊口，時常需要學著凡人來到京城找差事，混口飯吃。北京城中的狐仙，由上述的王周氏，到接下來我們要談到的邢大，都是一個民間思想的側寫。這類巫者對於庶民百姓，可以說是有如心海羅盤、心靈導師。但事有一利，必有一害，狐仙可忙壞了九門提督與步軍統領衙門的老總們。巡城時，他們總得交幾個行跡怪異、亦仙亦道、非僧非尼的江湖人物給上頭交差。

特別是乾隆皇帝不只是喜愛修纂《四庫全書》，也特別注意政治敏感字辭的文字檢查工作，各種觸犯忌諱的文字都可能引起政治上的激烈反應，也就造成不少的邪術案子。許多民間秘密宗教的案件口供中，我們時常可以看到一些涉及謀逆造反的隻字片語。有時候只是幾句談及白蓮降世，有的時候只是幾句符咒，或者只是一些狐仙附身的巫者口中說出的胡亂言語。乾隆皇帝的繼承人嘉慶皇帝接下大位後，由於經歷了嘉慶十八年的天理教打入紫禁城的亂事，也特別重視查禁各種民間秘密宗教的活動。北京城裡抓些不法術士的事情，也就開始層出不窮。接下來的這個狐仙故事也就自然的發生在嘉慶年間的北京城裡，一個為人燒香看病的三十四歲婦人「邢大」身上。

用現在的眼光來看待邢大的生活，可以發現其實他就跟許多在台北火車站前幫人算命的關西摸骨師很類似，常守在通州家鄉附近為人燒香看病謀生。「通州」在清代可算是京城的大門口，南來北往的客商在此匯聚，熱鬧至極。八歲喪父的邢大與母親一同從河北任邱縣來京謀生，而他性別與身份的錯位也便從此開始……

十一歲時，邢大的母親因病離開了，邢大在洪大的介紹下，到了北京城東直門附近的靴鋪工作。這一年很不幸的，他被同伴李四所雞姦，在那之後，他的生命也就開始流轉在眾多男人之間。

由於邢大並非是一個單純的女性，或是男性，處在各種人際關係裡，她與他的界線便沒有那麼絕對。邢大後來被洪大領去家中姦宿，洪大照管他的日常花用，便也承諾要終身膳養他，一同生活。等到邢大十八歲時，洪大認為他容貌俊俏，應該開始留長頭髮扮作女子模樣。這樣便可以納娶她作為妻室，一起生活，避免旁人看破，惹出其它事端。從此以後，邢氏便在家中學作女紅、針線活，改穿婦人的衣飾。事情一開始還算圓滿，但洪大在嘉慶七年時患病吐血，難以養活邢氏，於是他便托張二為邢大作媒，另找人家婚嫁，這使得邢大的命運產生了巨大的

改變。

邢大被洪氏謊稱為寡妹，嫁給了劉六，還換得了銀錢二十五吊。新婚初時，在邢大多方掩飾之下，張二竟然也並沒有察覺邢大的男兒身。口供中提及邢大平日打扮都是婦人衣飾，日久身形聲音皆類，沒有任何異樣。但日子久了，劉六還是發現了邢大並非女兒身。故事的主人翁畢竟是真實人物，無法像李安導演的《喜宴》有個皆大歡喜的結局。為了生存，邢大百般向劉六哀求，願意終生服侍劉六，並聲稱會看香治病，以此補貼日常家用。這一對另類的小夫妻也就湊合勉強在無奈的際遇中相處生活。不過，步軍統領衙門的官員在檔案中也記錄下，邢大哄誘劉六，兩人「夜夜姦好，並無一日分離」，也許這不平凡的夫妻生活，是平凡的官員們難以理解的吧。

邢大為了讓劉六歡喜，便開始聲稱自己可以被狐仙附身，看香治病。四周的鄉人就聞名而至。但邢大的公婆老劉與張氏，看到媳婦繪圖供奉，以狐仙的名義為人治病，十分不安，並不依從。於是邢大開始瘋言瘋語，嚇跑了自己的公婆。此後，邢大與劉六獨自居住在孫河一帶。這樣的日子，雖然不平凡，但也可以說是平靜。邢大並開始用香在病人頭上轉轉，給病人些姜藕、白糖當藥，賺錢補貼家用，直到被當地的吏役訪問拿獲，才被官府結束了他十六年來男扮女裝的生活。

邢氏的一生可以說是一連串的角色扮演，從男兒身到女兒身，由凡人到仙狐神怪，這是一個奇異的故事。他到底算不算同志，這樣的情欲算不算是同性之愛，我們已無從證實。但在非學術的文意裡，我們願意想像邢大在生命中曾經那樣愛過，愛著他／她所經營的生活與家庭，這樣的人生是真誠而炙烈存在的。

相對可笑的，在衙門問罪求刑的過程中，步軍統領衙門提到了「男扮女粧，依律無罪可治」。邢大最後以「師巫假降邪神煽惑人民為首例」，處以絞刑。邢大的故事是那樣的真實，卻又帶著異域般的想像。這是文字中的歷史場景，也是古老的北京城裡所發生過的平凡故事。只是在同志愛情的異色之中，小人物面對命運作弄，也只能發出無奈嘆息。

狐尾的崇拜：國家秩序與民間信仰的衝突

當討論到清朝民間秘密宗教的特性時，檔案提供了不只是教派信徒的生命歷程與人際網絡的開展。另一方面，也清楚的描述出民間秘密宗教各式各樣的儀式用具，甚至也表達了官方對

於特定儀式法器與用具的注意。

例如嘉慶年間發生在直隸欒亭縣地區的縣民李芳出首控告「清靜無為教」邪教。清朝官方對於該案中宗教儀式用具之一的「狐尾」，就表現出了極大的注意與關切，甚至讓它成為官府特別注意的查察目標。透過李芳供詞，我們得知「狐尾」是清靜無為教的領導頭目郎文鋒平時用於動員與號令教眾的象徵信物。這一只「狐尾」在郎文鋒身故後，被其子郎得福的母親收藏起來。「狐尾」作為信物不只有象徵本人的意義，更帶有一種權力的傳承效果。

平日在欒亭縣新立莊幫人占卜算命兼賣字畫的李芳聽聞此事件，「本年六月二十六日，我到灤縣石佛口地方聞得邪教王度、王殿魁等業已正法。有教匪頭目已故郎文峰之弟郎文玉現已治罪。郎文峰之子郎得幅現在家中，並未究審。」他便想到了「狐尾」，更在聽說這東西還存在後，基於擔心郎得福將來拿著「狐尾」滋事，他便積極地趕到石佛口店家住宿，四處探聽查訪。後來，李芳在當地尋覓到了與郎文鋒相熟識的本地民人溫聖恩、灤縣衛役王應之等人，查知確實後，便出首向官府舉報。[2]

透過這一件奏摺中的描述，我們可以了解「狐尾」在民間宗教的視角中，其所呈現的是一種宗教權威的具體象徵。本案最特別之處在於，控告者並不是官員，亦不是地保，而是一個民間秘密宗教的信仰者。李芳告發的理由怪異，依照李芳供稱的原因是害怕「狐尾」作祟，恐怕會造成日後的滋事變亂。但若細想下來，這不也是一個對於地方宗教領袖菁英具有一種影響秩序，甚至可能引領民變，引起社會動員的一種側面描寫。

若是連結到前案朝陽門外崇信狐仙的王周氏被官方訪獲捉拿一事、再連到直隸省樂亭縣石佛口、新立莊，以及北京朝陽門外便成為了一連串反映清朝官方與民間社群互動的實例。我們可以發現這不是一個個觸犯禁止師巫邪術條例的案例和迷信愚昧的信眾，而是串連在乾嘉時期民間秘密宗教的發展脈絡下，案件與農村社群的背景出現了空間上的相對應關係，而各種變動的因素在相互影響，相互牽連，交織成豐富多樣的民間宗教信仰世界。

傳習民間秘密宗教的廣大信眾們，並非全然是不知事理的下里巴人，他們對於國家秩序也不全然持對立的態度。而且民間信仰在內容形式上也多方多樣，很難用一套標準來包括所有的教義派別。民間秘密宗教的男女教首對於老百姓而言，其實更代表的是各色各樣的社會功能與意見領袖，他們有時是醫生，醫治著鄉里的眾人，也有時候是某種心理諮詢師，提供著無助人們一些來自宗教世界的支持與救贖。民間秘密宗教在地方社會中扮演職能的多樣化，正是這幾段史料所最能證明的史實。揭開了這些神秘性質的外表，其實是各各小人物的生命際遇。皇帝

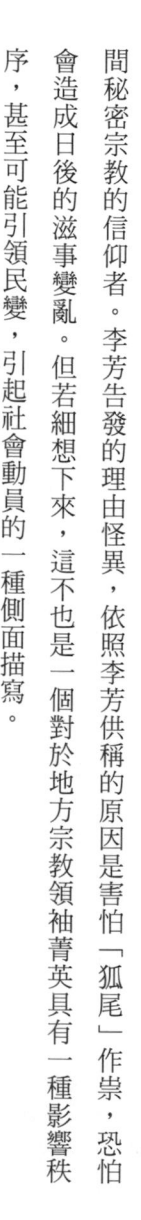

眼皮下的民間秘密宗教，不一定只是叛亂，有著更多的是許多日常生活中的無奈、困頓與悲喜交集。

若是從民間菁英與地方知識的體系上來觀察，官方檔案中的邪教信眾們也並不單純是單一面向中的叛亂者，更可以是前近代農業社群中的醫療者、秩序維護者與地方領導者。這一些歷史中的無聲眾人一直存在，還有待我們努力去尋覓，去理解，去傾聽。

延伸閱讀：

1. 馬西沙、韓秉方著，《中國民間宗教史》，北京：中國社會科學出版社，2004。
2. 康笑菲（Xiaofei Kang）著，姚政志譯，《狐仙》（譯自：*The cult of the fox : power, gender, and popular religion in late imperial and modern China*），臺北：博雅書屋，2009。
3. 歐大年（Daniel L. Overmyer）著，劉心勇等譯，《中國民間宗教教派研究》，上海：上海古籍出版社，1993。

4. 焦大衛（David K. Jordan）、歐大年（Daniel L. Overmyer）合著，周育民譯，宋光宇校讀，《飛鸞：中國民間教派面面觀》（譯自：*The Flying Phoenix: Aspects of Chinese Sectarianism*），香港：香港中文大學出版社，2005。
5. 王爾敏，《明清社會文化生態》，臺北：臺灣商務印書館，1997。
6. 孔復禮（Philip Kuhn），《叫魂：乾隆盛世的邪術大恐慌》，臺北：時英，2000。

第六章

皇家宮門前的混亂：
你不知道的
紫禁城門禁管理

出入人口複雜的皇宮門禁

一般人印象中的紫禁城宮門，照理說應該是個門禁森嚴，派出重兵嚴密把守的政治中樞。在許多清宮戲劇裡紫禁城門也總是呈現由侍衛日夜嚴密把守，不容閒雜人等任意出入的樣子。但其實這些印象可能都只是片面化的理解，透過檔案整理研究，我們發現宮廷門禁管理是另外一幅光景。

宮殿因為常需要各種修繕整理，加上日常生活衣食所需，偌大的宮廷需要許多人力、物力支援才可能維持正常運作。而人一多起來，各種問題也就產生，甚至也常出現各種便宜行事的狀況，引發了許多的問題。有時是因為人手不足，會夾帶外人進入宮廷。當時甚至還出現過宮中人因為在外面積欠了高利貸，債主追討銀兩錢文，追到禁宮門外的情況。總而言之，各種離奇的故事，其實就在一般人認為絕不可能發生的地方，一件又一件地連續發生。即便是皇帝也拿這些宮人們沒有辦法，畢竟日常生活的各種物料採辦、衣服織作等小事雜活，樣樣都離不開這些宮中人啊。

清朝法律條文中，雖有明白律例規定不得擅入禁城：「擅入紫禁城杖一百，加枷號一個月」，但實際上卻時常發生違規任意出入宮禁的事情。因此，就產生了大量的歷史記錄，保存在檔案文獻中。

誤入禁城：紫禁城的宮禁管理問題

出入禁城，規定必須要有個作為憑信的腰牌，但腰牌也偶有遺失的情況發生。乾隆四十五年三月初九日，漢本堂曾為皂役遺失禁門腰牌一事，特有奏報。漢本堂轄下的皂役周亮，因為處理傳抄公文中，一時事務緊急，行走之中，心裡慌張，一時不慎，不小心將他領出入禁門的腰牌遺失了。雖然他接連數日四處尋找，但都仍然沒有尋獲禁門腰牌的蹤影。為求慎重，漢本堂負責官員又再度詢問周亮事情的詳細經過，也確定了禁門腰牌遺失在外。後來，漢本堂皂役周亮被依例重責處罰，以示戒懲。[1] 透過檔案中的記載，我們看到禁門腰牌若是遺失在外，事態非常嚴重，遺失的官員差役不僅要連日尋找，事後也會受到責罰。

嘉慶八年三月時，四川道御史費錫章也曾對紫禁城的宮禁管理特有奏陳，認為應該添設腰牌，嚴格管理出入人等：

紫禁城內環衛森嚴，理應格外整齊。然輿夫匠役等任意往來，毫無顧忌，出入自如，非嚴密之道。應請添設腰牌以嚴出入，以資考查……。

由此奏報中，可以見到紫禁城中多有輿夫、匠役出入其間。宮廷中修纂歷朝國史的「國史館」為了史書纂修工作，也聘有不少書手、紙匠在館中服務，這些民間工匠出入，也需要隨身攜帶「腰牌」，以為查證。

嘉慶年間也曾經發生有守城兵丁私下借用腰牌的案件記錄。甚至，其間還發生了林爽文後代私自將宮廷膳單帶至宮外的事件。涉案的兩位林姓後嗣林表、林顯在林爽文案獲罪後，淨身入宮擔任太監，他們任職多年後私下與臺灣親友聯繫，並且私自將皇宮大內膳單、戲單帶出宮外，交由親友攜回臺灣。雖然這些清單在現代看來是極普通的文件，不是什麼涉及機密的軍情文書，但是在皇權至上的時代，這樣的行為卻極為嚴重。畢竟如果皇宮內的文書可以這樣經易地流出，那更重要的國家軍機豈不是也有可能會從宮中洩露出來。[2]

類似的宮廷門禁管理問題，不僅發生在紫禁城內，清朝皇帝時常遊輿居住的圓明園，也在道光年間發生過一些太監在圓明園宮門外行為失序的事件，還有當值的宮人在園林宮門附近做起小買賣生意的奇特案例。《道光朝宮中檔》便記載，道光二年十二月十八日的冬季時分，道光皇帝特頒旨意，命令總管內務府大臣嚴加查禁宮中太監私下在圓明園宮門外販賣洋錶等物，並且查禁太監在圓明園宮門左邊近鄰處開設茶館一事。[3]

此外，諸多工匠出入皇宮禁城之際，人多手雜，也常發生竊盜案件。雖然嘉慶五年時，續纂律例內即有例文提及：「偷竊大內及圓明園等處乘輿服物者，不分首從擬斬立決」，但也沒有能夠完全遏止。

日後，內務府亦有諮文，商議此一例文適用的範圍，是否應限於「御用器物」，還是要擴及到大內與行宮器物。嘉慶十年間的內務府諮文是這樣寫的：「查『乘輿服物』四字是否專指御用物件而言抑或凡係大內及各等處存貯供器物件，皆為御物之處」。刑部負責此事的官員們商議的最終結果，最後也詳載在《刑案匯覽》裡：「例文『乘輿服物』四字，凡大內御用物件及存貯供器，皆在其內。遇有偷竊，應即依例援引」。也就是說明規定，凡是偷盜大內與行宮物品的人，皆處以斬立決，這種或許可以視為是一種罰則的強化，希望因應宮廷中各種大大小小的失竊案件。[4]

但其實不僅紫禁城內廷的管理有問題，紫禁城周圍北海一帶的宮殿群中也有太監宮人的偷盜情況。乾隆二十九年九月下旬，二十九日前後，在鄰近地安門的北海永安寺宮殿遠帆閣處，發生了太監、蘇拉、苑戶等官中人結夥竊盜宮內陳設玉器並將其變賣的失序案件。[5]

根據《內務府奏銷檔》內務府官員四格奏報的記載，北海瓊華島上永安寺的首領太監陳永德報告說，九月二十九日前後，他正帶領太監、苑戶們打掃宮殿地面，收拾整理殿內陳設至後殿遠帆閣。他也順便往閣上查看了陳設物件的情況，這才發現遠帆閣遺失玉器陳設七件。遺失的各種大小玉器陳設，包括了漢玉單螭觥一件、白玉夔龍水盛一件、漢玉夔龍筆架一件、白玉墨床一件、象牙箸瓶一件、爐上瑪瑙頂一件、爐上玉頂一件，總計共七件陳設。內務府獲報後，立即詢問了永安寺管理首領太監與相關人員。其中，副首領太監王朝選在口供中說明了自己管理永安寺門禁與鑰匙的具體情況：

我係遠帆閣副首領太監，其遠帆閣鑰匙，理宜我執掌纔是。但因不時打掃收拾，所以即交該處太監王玉柱、劉文二人經管，其遺失陳設，我實不知情。至於該處鑰匙交給他們二人承管，這就是我的不是了……。

這一段口供中，我們看到永安寺副首領太監王朝選本來應該要負責管理門禁出入，但卻為了日常打掃管理的一時方便，將鑰匙託交給了太監王玉柱、劉文保管。

在經過審訊後，太監王玉柱供出了偷盜宮中陳設變賣的細節。太監王玉柱在口供中說他與同夥蘇拉定住，以及苑戶路兒三人，趁著太監劉文被派往靜安庄出差的機會，伺機偷取了遠帆閣鑰匙並盜走玉器：「我於八月二十七日，原同蘇拉定住、苑戶路兒商量要偷遠帆閣的陳設。乘劉文沒在家，我們到太監劉文的住處開了櫃子上的鎖，拿出鑰匙到遠帆閣開了樓門。我同蘇拉定住上樓拿了玉筆筒一件……共七件交給定住、路兒拿去賣了……。」

相關涉案人除了太監外，定住在永安寺宮殿中擔任蘇拉，負責閒散雜役打掃的工作，至於路兒則是擔在永安寺中負責清理打掃雜務的苑戶。由於兩人平常往來便是來回出入永安寺宮殿，於是，他們就趁便將遠帆閣的玉器偷帶出宮，分成兩次變賣。這一起案件是靠太監與宮中人們彼此串通，才將遠帆閣中多件玉器陳設偷運出紫禁城，並在地安門附近的雜銀舖商店出售，換取了現錢十三吊。透過此案的經過情形，我們多少可以看到宮禁管理的問題，以及宮中人平日生活的一些片斷。

另一方面，除了值錢的玉器陳設外，宮廷官署也有發生盜取檔案冊籍的事件。由於嘉慶六、七年間，兵部、吏部、禮部等官署都曾發生過檔案冊籍被偷盜的案件，這些偷盜官署冊籍案件的處理上，主要是援引「偷盜官署服物例」作為罰則，來處罰相關涉案人員。[6]

但是相關的案件，屢禁屢罰，還是層出不窮。例如《刑案匯覽載》即記錄有一件嘉慶六年六月匠役郭四趁機偷盜養心殿排水溝渠內錫片工料的案件。《刑案匯覽（三編）》〈工匠偷竊養心殿天溝內舊錫〉條下記載，工匠郭四趁便盜取養心殿排水溝渠拆卸下來的舊錫片工料，刑部原本擬刑依照「大內等處乘輿服物斬罪」，刑責裁量上略減一等，判以杖責一百下，流放三千里。

嘉慶皇帝認為匠人郭四畢竟只是「趁便攫取」，行為上和直接偷盜養心殿內事物有所區別，因此特在上諭中指示，再裁量給予從寬量刑，改為杖責一百，流放二千里。另外匠人郭四應加罰載上枷號一個月，並在神武門外工匠時常往來的地方枷號示眾，讓工匠人等都能夠知所儆惕。正所謂死罪可免，活罪難逃，郭四成了展示宮廷禁規的教材榜樣。嘉慶帝並在上諭中指示，務必要對在宮中應差的工匠人等多加教育訓育，使其知曉若在宮中大內偷竊，不分首從，一律依例判以斬決。嘉慶皇帝強調若再有發生類似事件，一經發覺，必定依法治罪，絕不寬減刑責。[7]

嘉慶十八年天理教教亂攻入紫禁城的事件，讓嘉慶帝對於禁城門禁更加有所防備與重視。他曾經諭示紫禁城守門官兵，每日須於每門安排有東三省官兵數人。東三省官兵也就是滿洲兵丁，也就是說嘉慶皇帝特別指示較為親信的兵丁，負責擔任禁宮守衛，保障紫禁城的門禁安全。[8]這裡也可以看到清代政治文化中的一種有趣現象：「權力的毛細管作用」其實無所不在，政治認同上的隔閡其實一直存在，特別是處在危機事件之後的特殊狀態下，我者與他者間的界線，突然之間也就明顯了起來。[9]

宮門禁地不得喧嚷的相關案件

道光十二年時，發生有旗人擅入紫禁城門，企圖尋找親人借貸金錢，出入之際被守門兵丁阻擋後，喧嚷鬧事的案件。當時的情況，根據景運門大臣奏報指出，涉案的革退護軍松義善主要是因為母親患病，缺錢醫治，便私自擅入禁城宮門，尋找其族侄札清阿，想向札清阿借貸金錢。其後，松義善由於未遇族侄親人，又圖就近便利，想走捷徑，於是試圖由隆宗門處走出。

隆宗門附近便是宮中侍衛值宿處，松義善自然躲不過侍衛們的捉捕。松義善被捕後，因其擅入禁地吵鬧喧嚷，故從重治罪，加重處罰，依照「擅入紫禁城杖一百律」，處以杖刑一百下。另外，因為加重責罰，又加上枷號一個月。[10]

紫禁城宮門管理對於皇帝相當重要，自然也會不免成為官員們入宮參加評比考試的必問問題。每逢京中「大考翰詹」之時（清代會定期對翰林、詹事等官員進行詩文考試，稱之為「大考翰詹」，大約每隔六年至十年舉行一次。由欽派大臣閱卷，並評定名次。皇帝並會親自批覽試卷，以此考核官員。）凡是翰林出身的官員們會齊至宮中考試。道光二年四月初十日時，便曾有應試翰林院中任職的侍講戚人鏡，以及陳玉銘等官員不守秩序，眾人在宮門還沒有開的時候，便在宮門門簷喧鬧，甚至在臺階上坐下，[11]這類失序行為，被認為嚴重違犯宮禁。身為內廷行走的官員還不知道遵守規矩，也被認為有失法度，不成體統。侍講戚人鏡甚至在遭侍衛攔阻後與侍衛發生了言語衝突。兩人因此雙雙被捕，後來陳玉銘在供詞中承認自己沒有等候唱名，便自行直接走上宮門臺階。而後陳玉銘又被查出他參加考試的時候，身上還帶著詩文小抄，明顯有作弊的情況，罪加一條。最後，戚人鏡奉諭旨交部嚴議處罰，而陳玉銘被革職，並交由刑部照例治罪。[12]

類似情況其實並不少見，道光皇帝甚至為了申嚴宮禁，讓官員們知所警惕，還特別於道光二年四月十三日有所諭示：「嗣後勿論文武各人員，遇有宮廷禁地不遵管束，任意喧嚷者，經該管王大臣參奏，朕必立將其人拿交刑部，按律治罪……」。連管理宮禁秩序的親王大臣，以及負責在第一線在宮門前執行管理約束勤務的侍衛、章京等員，若是「疏於約束」，或是「徇隱不奏」，一旦被發覺，都必定重懲。[13]

穿透宮門禁地的宮廷文化風尚

管理物質層面人員的流動容易，可以有明確的法規條文，只需要考慮在執行面上有沒有偷懶因循的習慣。但是風氣時尚的流動與傳播，卻是難以用宮門可以阻擋得了的。正所謂「上有所好，下必從之」，紫禁城中的服飾風尚與宮廷文化，總是可以穿透高聳的厚重宮牆，潛移默化，傳向庶民百姓日常生活。

乾隆三十七年十二月份嚴冬時分，巡視南城御史臣胡翹元便觀察到了庶民百姓們對於清朝宮廷服飾中貂裘、細皮、貢緞等材質的模仿襲用。北京城中的舖戶商家為了迎合社會上各階層顧客們想模仿官家顯貴衣飾風格的喜好，因而想法設法在冬帽皮簷、貂帽與貂皮裘服的造型設計變出新花樣。

御史胡翹元認為衣裝服飾應該像乾隆皇帝上諭曾說過的，衣冠不可以輕言改易變換，但是近年京城市面的衣著樣式，卻有了極大的變化。例如冬帽皮簷的尺寸上，數年以前不過只有二寸之高，但是近來卻有裁製成五、六寸以上的新樣式。即便是士大夫等官人家，也是「隨時屢變」，「競尚時趨」，而且低階行政人員、胥吏、商人等等，也都開始時興穿著「細皮貢緞」。甚至，就連僕隸，以及官員身旁協助處理雜務瑣事的長隨等身分低微的人，也偷偷穿著「染黑川鼠皮衣」，來混充貂皮裘衣的樣子。伶優等表演工作者們也有混用「貂帽」，穿著光鮮，行走在京城街市的情況。檔案呈現出一位御史對於風俗世道的擔憂掛慮，但同時我們也看到了宮廷中時興的貂皮衣飾如何向京城百姓的服裝好尚，產生了一種擴散式的文化影響。這一種時興新樣的感受，競尚慕效的情況，恰似風潮深入人心，無形無狀之中，卻又如此的具體，如此的真實。[14]

總體來看，透過上述的各個案件，我們能大概理解，清代宮門禁衛是否森嚴，很難用現代人的眼光來加以評斷。但只要是有人的地方，就一定會有各式各樣的問題。人生在世，就是

這樣的不容易，人心之中就是有這樣多的情緒，這樣多的煩惱與迷惘，交織成了生命中的悲歡喜樂。無論是在宮牆內還是宮牆外，其實都有許多不為人知的故事，以及生活的點點滴滴。各種人生際遇的細節篇章也都圍繞在這個古老的紫禁城的周圍，久久不去，並在檔案文字間留下了一些細微的小線索。除了帝王將相的偉大事蹟之外，金鑾殿旁張羅著各種日常生活的販夫走卒、宮女太監、守門兵丁等等，這些不被正史記載，多半在歷史中沒有留下文字話語的無聲眾人其實也不斷地在創造歷史，留下他們生命的足跡。

延伸閱讀：

1. 清・祝慶祺，《刑案匯覽・三編》，北京：北京古籍出版社，2004。
2. 王汎森，《權力的毛細管作用：清代的思想、學術與心態》，臺北：聯經出版，2014。
3. 單士元，《故宮史話》，北京：新世界出版社，2004。
4. 單士元著，單嘉玖、李燮平整理，《明北京宮苑圖考》，北京：紫禁城出版社，2009。

5. 劉錚雲主編，《明清檔案文書》，臺北：國立政治大學人文中心，2012。
6. 張顯清，林金樹等著，《明代政治史》，桂林：廣西師範大學出版社，2003。

第七章

紫禁城守門兵丁的人生苦惱

皇家護衛看似威風凜凜，但護衛紫禁城的工作其實並不是如我們所想像的總是威風地把守著皇城。年復一年，日復一日，處在宮門口過著一成不變的生活，內心不免有著莫大的孤單與寂寞。在孤寂的情緒裡，不論我們或是以前的人們都難免不由自主的迷亂失序。

紫禁城建築莊嚴雄偉，華麗萬分，值衛禁樞不是一件容易的事。各種突發意外事件眾多，把守上並不容易。心情寂寞加上工作辛苦繁重，神智混

紫禁城小知識

禁城裡的「值宿房」

紫禁城侍衛們平時值班的「值宿房」位置在乾清門的外西側，內右門以西，隆宗門內北側，坐北向南的廬房面闊十二間，進深兩間。後來軍機處成立，其中又設有了軍機大臣的「值房」。自東向西分別為：侍衛值宿房（東四間）、軍機處大臣值房（中四間）、內務府大臣辦事處（西四間）。清代王昶的〈軍機處題名記〉中便曾記載有關軍機處的相關位置，提及了軍機處設於乾清門內。另外，清人王昶還在〈軍機處題名記〉中寫道，夜晚在宮廷禁樞值班的軍機章京們是在隆宗門西側的值房中食宿與值夜。

亂、投水，或自刃傷害，或常見的酒後鬥毆都屢屢在守衛兵丁身上發生。

守衛宮門不容易：從養育兵混入午門自傷告狀案談起

紫禁城宮門前如果發生突發事件，主管官員與守衛兵丁們都有相應的責任，因此必須嚴加管理，守護宮禁安全。但是常常突發的事件總是出於意料之外，例如《軍機處檔・月摺包》[1]中便記載了一起發生在午門內的特殊案件。清同治十二年七月十六日，負責把守宮廷門禁的護軍統領興林等人奏報鑲白旗蒙古桂榮佐領轄下的養育兵連喜，在七月十三日清晨趁機混入紫禁城西華門內。養育兵連喜混進午門內一帶後，突然拿刀抹傷自己，試圖在午門前尋死，希望藉向官府衙門呈控自己親人遭奸人逼債而死的冤情。[2]

鑲白旗養育兵連喜自殘抹傷失敗後，便在午門被宮中侍衛逮捕，在審訊過程中他詳細地供出為什麼要趁機混入宮中，並且抹傷自己的箇中原因。原來連喜的弟弟松安因為替人作保，涉入了債務糾紛，並被債主四處逼債。[3]後來，松安更在無路可走的情況下自縊身亡。連喜覺得弟弟冤死，想要報仇，便攜帶呈告狀紙，趁著清晨時分，偷偷混入西華門，試圖由此處進入宮

中，然後在午門內自行抹傷。

整起事件落幕後，連喜被發交刑部審訊治罪。至於連喜狀紙上提到的無良債主匪棍張三、青腿子張閻王、白毛李三、李大、李二、小霸王高五、沈大、王三、鄭二等多人，也都交由步軍統領衙門捉拿歸案，交由刑部審理治罪。根據《清實錄》[4]與《軍機處檔・月摺包》的記載，當時把守西華門的前鋒統領、護軍統領，以及值班侍衛兵丁們，也都受到了究責處罰。同治皇帝針對此事特有上諭，指示前鋒統領、護軍統領務必嚴格管理宮禁，督導宮中各門值班官兵認真巡察。若再有此類事件，即從嚴查辦。[5]

總體而言，紫禁城的侍衛是由內務府從上三旗鑲黃旗、正黃旗、正白旗中選出，由領侍衛內大臣六人（鑲黃旗、正黃旗、正白旗各二人）統領。分成內、外兩班宿衛。內班宿守乾清門、內右門、神武門、寧壽門等處，多用滿人。外班宿守太和門等外朝處所，兼用滿、蒙旗人。

紫禁城宮門守衛是依照輪替交班進行，具體章程辦法非常詳細，每次值班三日，第三日的辰時（早晨七點至九點）進行換班。紫禁城外的大清門、天安門、正陽門等三門，由下五旗章京一人，護軍校二人、副護軍校二人、護軍十六名把守，依照看守紫禁城之例，進行輪值換

班。

宮門禁衛交班輪替的時候，需由值班章京率領護軍前往接班，這是為了避免守衛兵丁間產生誤會發生事端。例如，乾隆三十年九月前後，便曾經發生過交班不慎而產生的意外。大學士傅恒奏報，紫禁城進班官員正黃旗前鋒參領噶他布因為沒有按照慣例率領護軍一同前往輪替，致使與守衛護軍德明等人發生糾紛。此一事件雖是誤會，但章京交班沒有依例帶領交班，眾人出入混亂才會引發糾紛事端，甚至護軍德明在事件中還動刀持械。宮門之前，險些就生出不測之事。6

宮中侍衛的各種失序行為：喧嚷、酒醉、圖賴

除了偶發事件外，宮門值班兵士之間也時常有口角衝突發生。多數的事件起因是一時氣忿難平，鬥毆傷人，但也有自殘身體，企圖誣告對方的情況。例如《刑案匯覽（三編）》〈宮內忿爭．西安門內因病自行刃傷〉便記載了一起相關事件。

這起事件發生在嘉慶二十五年前後，護軍倭克精額平時即患有氣逆心迷病症（應該類似現

代的情緒失常，歇斯底里的症狀），當時他正在西安門內的景山圍牆外值班，不巧同梯值班的護軍舒明哲覺得倭克精額當天飯菜做得不好，隨口責罵了倭克精額幾句。倭克精額一時氣憤難平，使得心迷病發作，於是自殘抹傷。再加上景山一帶為清朝皇帝用於祭祀敬祖與相關宗教儀式進行的「觀德殿」，事關重大。護軍倭克精額因此依照「違制律」，予以加重處罰，處以杖刑一百下的責罰。[7]

類似的事件並不少見，例如嘉慶二十二年，紫禁城內箭亭的值班護軍烏勒希春在值班中趁著購買物品的空檔機會，偷偷開小差，跑去喝酒買醉。當其回到值班處所後，烏勒希春酒醉失態，行為失控，並在值衛處所高聲嚷罵。同處當班的護軍同僚看到他舉止失當，便向管理參領報告這件事事。醉酒闖禍後的烏勒希春因為怕受上司責罰，便突發奇想，自己動手砸破茶碗，劃傷身體，企圖誣給賴同班護軍兵丁。官方事後究責，在檔案文書中認為此事是一件「圖賴」事件。烏勒希春只是「希圖誣賴」，將自己的過錯轉移焦點，誣賴給同班弟兄們。因此，官方便依照「紫禁城內金刃自傷擬流例」的處罰規定，將烏勒希春處以流放的刑責，並酌量略為減刑一等，改判以杖刑一百下，徒刑三年。這事件除了留下有趣的歷史紀錄外，在嫌犯的名字上也有個趣味：「烏勒希春」是個滿語名字，滿語的拼音轉寫是「ulhicun」，意思是「聰智」、

「靈性」、「有悟性」。但是護軍烏勒希春卻沒有「人如其名」，沒長什麼聰明才智，有的只是開小差，還有誣賴同班弟兄的小聰明而已。[8]

護軍烏勒希春雖為旗人但因為在宮廷禁地值班處所行為失控，酒醉喧鬧，因此不能任意減輕刑責。嘉慶皇帝獲知此事後，更下旨加重處罰，處以枷號一個月的責罰。另外，待徒刑的刑期服滿後，再將烏勒希春發往青州府駐防八旗當差，作為後續的處罰。[9]

值班侍衛開小差，私下出外飲酒，可以說是犯了大忌，即便在現代社會也是觸犯軍法的嚴重違紀事件。因此，嘉慶皇帝在律例罰則外，特別指示要對烏勒希春加重處罰，這也是為了整肅風紀，而不得不然的作法。

此外，道光十一年前後，當時官方傳播消息的《邸抄》中也有記錄景運門值班大臣奏報一件「圖賴」案件。景運門前有革職旗人前鋒德楞額，因為「誤差曠班」（上班常遲到）被他的長官管委侍衛達隆阿褫革開除，報為逃兵。失業後的德楞額陷入貧苦，窮極無聊，正巧在神武門外看到一人貌似他認為害苦了自己的長官達隆阿，於是一時氣憤難平，追了上去。不巧，這個人正好走進屋內，德楞額沒能追到。難耐憤怒的德楞額索性便將神武門前的一桿長槍，用力扳折損壞，想要將這項過失誣賴嫁禍到上司達隆阿身上。[10]

護軍德楞額在神武門前扳壞的「長槍」，即是「長把扎槍」，滿語則是寫為：「gida」。[11]「長把札槍」本來是如往常一般安設在宮門前，卻因為德楞額一時糊塗，引出了這許的風波。而這一件毀損神武門前長槍的烏龍事件，也讓德楞額吃足了苦頭。神武門為禁門重地，警衛嚴謹，德楞額膽敢將此處安設的長槍扳折損壞，依照「拆毀申明亭中板榜擬流律」條例，應予以加重處罰，發配到邊地充軍。德楞額原來享有一定特權的旗人身份也因此事而被予以革除，被判以「銷除旗檔」，改照一般庶民的身份發配安置。至於，那一桿被德楞額損壞的長槍，則發交給武備院修理了。

類似涉及了旗人在宮禁重地前行為失序的案件，其中被官府究責處罰的並不少見，例如在《刑案匯覽（三編）》〈造辦處步甲用磁片傷人〉也記載了一份提督咨文，概要提及嘉慶二十五年發生在紫禁城西華門內造辦處的值班步甲兵丁傷人一事。宮中修造各類御用日常生活用品、配帶飾品、賞玩瓷器、大小傢俱器物，兵器械甲，甚至各類雜項物件的地方稱為「造辦處」（官署名稱的滿語寫為：「weilrere arara ba」，是由製造、修造的動詞「weilrembi」延伸詞意而來）。平常多半是宮人太監與各類工匠們來來往往，忙於工藝造作的造辦處本該是平靜無事忙於器物製作的，卻在嘉慶年間發生了一件奇怪的鬥毆傷人案件。

當時守衛此處宮門的旗籍步軍甲士廣福不知為何，一時氣憤，突然隨手將造辦處附近的瓷器碎片當成武器，劃傷了一同守門的同僚薩凌阿。由於事件發生在禁城重地，涉案人廣福便依照：「紫禁城內各處當差人等他物毆人者，杖一百，流三千里，枷號三個月」的規例辦理。但因為廣福身為旗人，因此流罪三千里的罰責可以略有折抵，改罰戴上枷號五個月，作為處罰。此外，案件中的另一位事主薩凌阿也被責罰，依照「不應為律」的條例，處以杖刑八十下，加上枷號一個月。12

紫禁城裡的口角糾紛與鬥毆案件

紫禁城中起因於彼此口角而發生的鬥毆案件，也不乏記錄，例如《刑案匯覽（三編）》〈宮內忿爭．昭德門護軍互毆〉就有相關記載：

護軍統領奏：護軍賽沙布與護軍海昌同在昭德門該班，賽沙布因聞該管值班大臣查差，誤將海昌緯帽戴上，因被海昌討取詈罵，將海昌毆傷。賽沙布應革去護軍，依常人在

紫禁城內鬥毆手足傷人例擬流，係旗人，發駐防當差，仍先加枷號。海昌並不善為討取，輒向詈罵，迨被賽沙布毆打，亦復用拳回毆，雖驗明賽沙布尚無被毆傷痕，未便以毆人不成傷擬笞海昌，應照違制律杖一百，加枷號一個月……。[13]

該條史料文獻中記錄了嘉慶二十五年，管理昭德門宮禁的值班大臣正在查勤時，值班的護軍賽沙布一時失察，手忙腳亂中，誤戴了同時值班護軍海昌的「緯帽」。所謂的「緯帽」，是一種以紅絲線帽纓裝飾的冬季暖帽。護軍海昌發覺帽子被戴後，便向賽沙布索回「緯帽」，兩人因此起了口角糾紛，後來甚至出拳鬥毆。[14]

官方在事後追究，驗明涉案雙方的受傷情況後，賽沙布被革除了護軍職務，依照「紫禁城內鬥毆手足傷人例」，判以流刑。不過由於賽沙布隸屬旗籍，因此先戴上枷號，再發往地方上的駐防八旗處當差。護軍海昌雖被毆傷，可以說是事件中的被害人，但是因為他出言辱罵賽沙布，而且還用拳毆打對方，因此也被處以責罰，依照「違制律」，判杖刑一百下，枷號一個月。

整體來說，發生在紫禁城宮門附近的鬥毆事件大小不一，除了上述案件的情況外，也有起因於值班侍衛們酒醉吵鬧發生的糾紛。例如嘉慶二十二年元月十七日，奉派在「西南門」管

門差使的三等侍衛長達靈阿由於不服宮門出入時間的管理，竟在紫禁城內酒醉吵罵，還和副參領愛隆阿鬥毆扭打，撕破衣服。這一件案子中，達靈阿犯行重大，雖沒將副參領愛隆阿毆打成傷，但仍將他比照「圓明園大宮門等門以外手足傷人例」，處以杖刑一百，徒刑三年，並且從重議罪，將達靈阿發往新疆伊犁當差。也由於他的旗人身分，因此達靈阿先行枷號，待其三年刑期期滿，即日發配。[15]

從上述的各種記載中，我們可以看到宮中守衛的人生片羽，心中無奈之餘，各自有自己的寂寞辛苦，不時醉酒吵鬧糾紛，種種都反映出了侍衛兵士人員的辛苦與不穩定的生活和情緒。也正因此清朝皇帝們對於紫禁城守衛兵士們的待遇，都特別留意。嘉慶皇帝在天理教亂事平定後不久，便頒有旨意，希望在飲食上提高紫禁城內各門侍衛兵丁們的條件與待遇。嘉慶帝特別命令前鋒統領護軍統領等，詳細妥議相關的章程辦法。希望在一日兩餐的伙食供應上，可以酌量調劑，提高侍衛兵丁們的生活待遇。[16]

北京夏季酷暑炎熱，而冬季霜雪苦寒，四季分明的生活條件下，值班宿衛本來就不是一件容易的差事。正所謂「養兵千日，用在一時」，天理教攻入紫禁城的大亂變故才剛剛平定，嘉慶皇帝提高兵士待遇，也是相當合情合理的事。

守衛宮廷的侍衛人生，雖有不少的無奈與甘苦，也偶有糊塗開小差的狀況與各種失序行為的日常小插曲。但是細想一下，職場中的小人物不也是如此，希望能夠在日復一日的工作中略找到一些小確幸，盼望能一解心中的煩悶氣惱。不過，對於清朝皇帝而言，這一些失職又偷懶，值班卻又醉酒的侍衛護軍兵士們，多少也還是有一些讓人覺得靠不住的感覺吧。

延伸閱讀：

1. 歐立德（Mark C. Elliott）著；青石譯，《皇帝亦凡人：乾隆．世界史中的滿洲皇帝》（譯自：*Emperor Qianlong: Son of Heaven, Man of The World*），新北市新店區：八旗文化出版：遠足文化發行，2015。
2. 羅友枝（Evelyn Rawski）、周衛平譯；雷頤審校，《清代宮廷社會史》（譯自：*The Last Emperors : A Social History of Qing Imperial Institutions*），北京：中國人民大學出版社，2009。
3. 單士元，《故宮史話》，北京：新世界出版社，2004。

4. 清代宮史研究會編，《清代宮史探微：第一屆清代宮史學術討論會論文集》，紫禁城出版社，1991。
5. 秦國經，《明清檔案學》，北京：學苑出版社，2005。

第八章

百里加急，皇命必達：驛遞差役的馬上人生

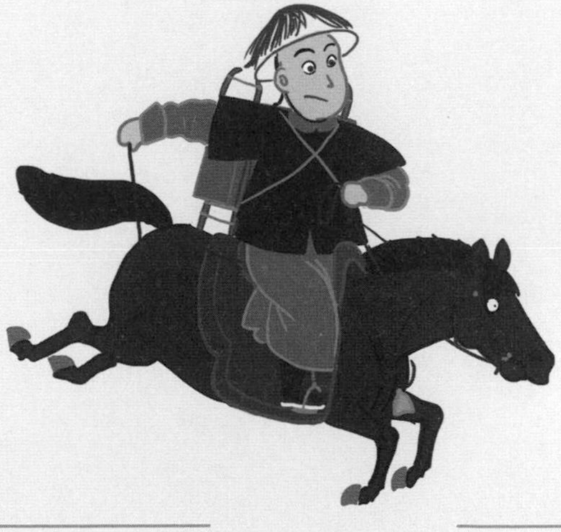

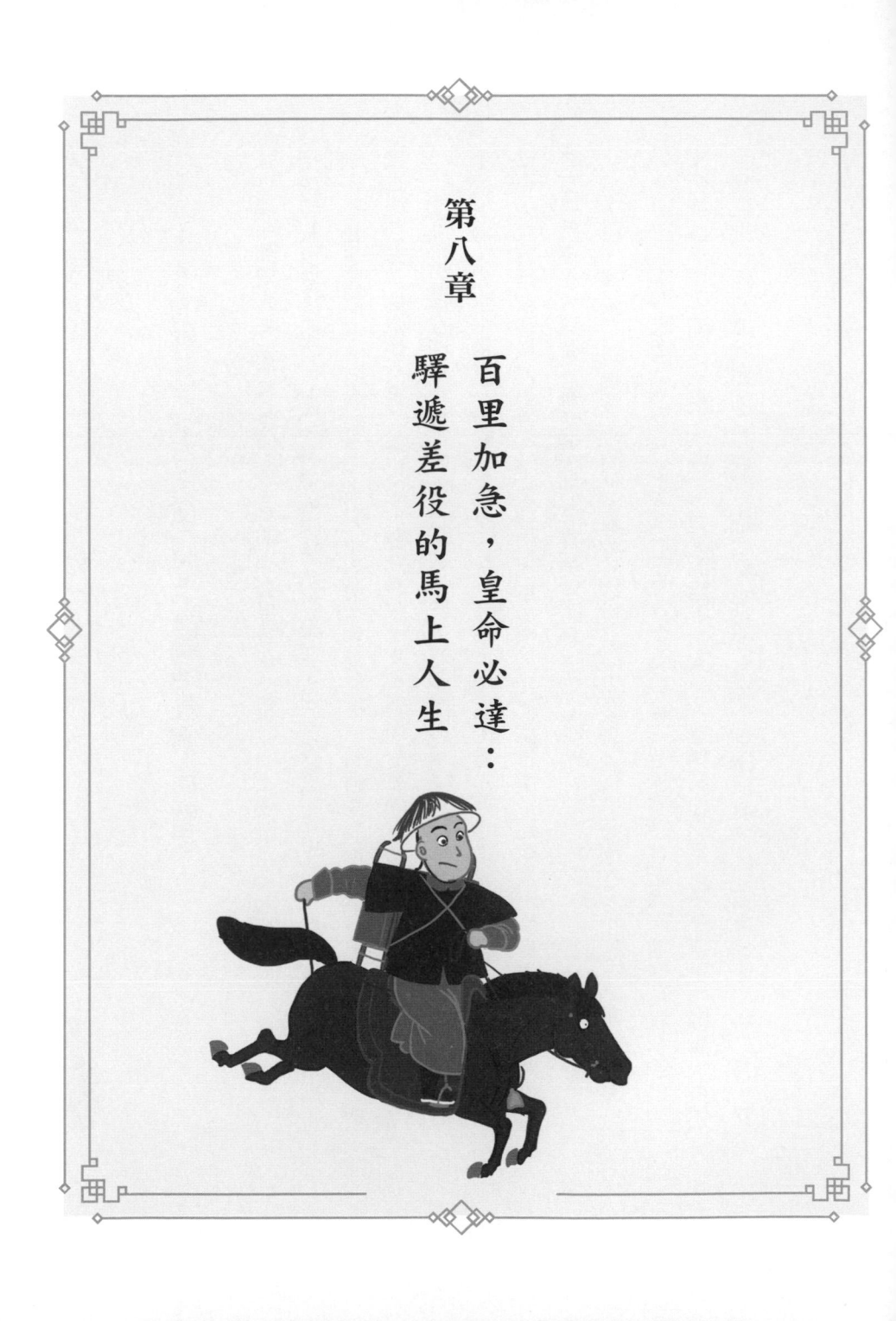

辛苦的驛遞馬夫：從公文報匣遺失案件談起

清朝驛遞公文主要是將題本、奏摺等文書裝在「報匣」、「摺匣」，以及「本箱」中寄送。這些裝載重要皇命的文件，需要依賴驛站與馬匹運送，傳寄朝廷重要旨意。由於涉及軍國大事，往往事關重大，時限緊急，而且不容發生任何意外。但俗話說的好，行船走馬三分險，驛遞馬夫們在傳達軍情文書的過程中，往往發生不少小插曲，當然，也還有更多動人的故事。

《史語所藏內閣大庫檔案》中就記載了許多起驛遞馬夫在傳寄軍機文書的過程裡，不慎發生遺失公文報匣、摺匣、本箱的意外。這一些事件中有的是馬匹半途受到驚嚇使公文報匣跌落受損；有的是渡江過河的意外，使奏摺、本箱掉入江河滾水中。這些情況使得清朝官方時常得修整維護本箱、報匣，避免遞寄的文書潮溼霉損。

本箱、報匣、摺匣若是遞寄上有所遲誤，相關負責的官員、馬夫、弁員等，都會交部議處，依例處罰。根據《乾隆朝宮中檔》記載，乾隆四十三年十月浙江巡撫王亶望的奏報中寫到本箱掉落水中，潮溼受損，失職人員受到處罰的案件。這個案件中不只負責運送的驛遞人員們受到處罰，連負責監運的建德縣令伍光紘也被究責，一併遭受處罰。[1] 乾隆三十二年三月，兵部尚書陸宗楷也向朝廷呈報負責處理驛遞的司員遲誤本箱遞寄，頗為失職，奏請朝廷嚴加查議，進行處分。[2]

在道光、咸豐年間的相關記錄中常可看到各地官員們報告本箱霉損，致使驛遞延誤，或是道光與咸豐皇帝的

紫禁城小知識

清代的「報匣」、「摺匣」與「本箱」

此處所謂的「報匣」、「摺匣」，以及「本箱」，指的是清代運用驛馬呈報寄遞公文書信的木質匣子，以及遞寄奏摺時專用的特製「摺匣」，還有裝運驛遞「題本」公文文書的驛遞木箱。這些配備製作的尺寸都是為了方便驛馬長途攜帶大小適中。這些報匣、摺匣都會登記數量，如果有損壞都需上報，再由戶部另發新匣。用於寄遞題本的本箱也會有詳細的編號，登記在案。外層會貼有封條，以便在讓驛遞沿途不會被任何人任意拆啟。一旦被發現有私自開啟封條的情況，一定會追究責任。本箱外層還會加裝皮革護套，來保護箱匣中的文書不受雨水潮氣的侵損，所以，有些時候在文獻紀錄裡這些箱子也被稱為「送本皮箱」。

旨示要求官員們特別針對此事商議，再另行奏報，或是究責處分的紀錄。不只盛世如此，時至晚清，光緒年間儘管在各種內外紛擾的情況下，清朝官方依然相當重視本箱的寄遞管理。例如光緒二十七年十月二十八日，便有奏摺特別呈報本箱因為戰事激烈，不慎意外遺失。[3] 整體而論，遞寄公文總是會有許多波折與意外，即便官員與馬夫們多方注意，驛遞沿途總還是會有一些大大小小的意外情況發生。

水淹橋斷等各種意外事故

除了遺失外，還有很多情況會造成本箱意外，例如中途遭遇水災、路橋沖斷，或是驛遞馬夫在半途身患重病……這些都較情有可原，也因此朝廷會視情況，免予究責。例如道光十六年八月十八日，兩廣總督于道光由驛站發寄本箱，但卻在途中遭遇了事故，因此遲誤寄送。兵部查明原因後，了解是因為馬夫在中途患病，又加上遭遇水災沖斷了道路橋樑，才會導致遞送遲誤。因此，負責呈報此事的江西巡撫裕泰特別奏請兵部，對於相關負責人等，免予查議，不再追究過失責任。[4]

除了會考量實際狀況，清朝官方在處理驛遞問題時，也會以賞罰分明為原則。若是驛站馬夫克盡職守，確實有功勞，也會斟酌給予獎賞，以為鼓勵。類似的文書遲誤事例，例如嘉慶五年元月，冬天帶來了嚴寒與大雨，道路情況惡劣。戶部官員因此特別奏請如果各處驛站皆能將軍報消息在限期之內遞寄送達的話，可以特別獎敘有功人員。[5]嘉慶帝也有旨意，認為在這樣隆冬時節，大雪紛飛的惡劣天候情況下，加上泥濘不堪，難以通行的道路，可是相關官員與驛站馬夫卻表現出色，盡忠職守，使得緊急軍情訊息能確實傳遞，的確是應該要特頒旨意，加以獎勵的。[6]

送信路上半途摔馬的突發情況

驛遞過程會發生交通意外的除了人以外，還有作為交通工具的馬匹。驛馬性情敏感，很容易被外界影響。一旦在路上受到驚嚇，往往失控狂奔造成本箱、報匣意外失落，又或衝撞路人，造成各種文書遺失意外與財物損失。《史語所內閣大庫檔案》中記載了幾起事件，從中我們可以一窺具體情況。

乾隆五十四年七月前後，湖南巡撫浦霖奏報，湘潭縣丞張士璟在接遞兩廣總督福康安寄發的六百里加急奏摺過程裡，驛遞馬夫一時不慎致使馬匹受到驚嚇，公文報匣意外毀損，造成寄遞延誤。由於報匣中的奏摺是軍情機密文書，延遲傳遞，可以說是嚴重失職，因此驛遞馬夫戴大，依例處罰，杖刑六十下，判處徒刑一年。此外，湘潭縣丞張士璟也受牽連，革除職務，以示懲戒。[7]類似的案件中，兵部等相關官署單位均會詳細查明文書遞交遲誤的詳細原因，按相關律例進行究責處罰。

伙伴生病，冒名代班的權宜之計

清初以《切問齋文鈔》聞名的名臣陸燿曾在擔任湖南巡撫任時，處理過一件外委吏員奉差遞送公文摺匣，卻私下轉由騾夫代為遞送的案件。涉案的騾夫馬正元不僅頂代官府吏員遞送公文，還在半途中私自將摺匣帶回原籍故鄉。

湖南巡撫陸燿在奏報中說明外委吏員楊宗明奉差遞送摺匣，本來應該負責親自遞送的，但卻在回程途中將奏摺私下轉由騾夫馬正元代為完成遞寄任務。不料，騾夫馬正元卻又私自將摺匣帶回自己家，嚴重違反規定。摺匣裡多半為軍機文書，騾夫不明就裡地，將重要文書攜帶回老家，釀成了一樁文書遞寄的脫序事件。刑部後來審議此案，相關人等都依照律例，加以究責治罪。[8]

事實上，這一種在驛遞過程中出現的冒名代班情況並不少見，多半是因為遞寄公文的半途，驛遞馬夫有人突然生重病，無法騎馬。在沒有辦法的情況下，只好臨時由他人暫代，完成任務。可是，這樣的權變之計並不符合清代驛遞制度的官方規定，雖然這不過是一種私底下臨時處理問題的辦法，但是一旦被長官查覺，向上呈報，相關人員就會被究責處罰。

趁便挾帶私物謀利的違規事件

驛遞過程中失職的人員，都有規定處分，視情況罰則有輕有重。除了常見的各種遺失情況外，驛遞本箱上的傳牌文書填寫錯誤也經常發生。這時官員多半得負起查核不實的責任，照例罰俸，也就是處罰停付薪水。寄送時序不一，未將相關公文書信連同本箱一併寄達，也是常見的過失之一。

另外，在這些過失行為中，還有一種特殊案例，也就是假公濟私。趁著處理驛遞事務之便，在驛遞公文書信的本箱中，差役私下挾帶商品貨物，例如紬布布匹，從中投機謀利。《中研院史語所藏內閣大庫檔案》記載有一件發生在乾隆十八年十月十二日的驛遞公文夾帶「紬布」，差役試圖謀取私利的案件。兵部提報四川提塘官員韓琯管理的差役有紀律不嚴的情況，明知道驛遞差役會趁便私帶紬布，長官卻沒有直接舉發，反而顧及情面，代為隱瞞事實。這樣的不法情形被查獲後，提塘官韓琯被降職三級，另調他處任用。[9]

除此之外，驛遞相關官員失職而被罰俸的案件，也有不少的相關記錄。例如：乾隆三十年六月二十一日，大學士傅恒在題本中奏報，兩廣總督蘇昌轄下行政文書人員一時粗心大意，將奏匣的傳牌文書繕寫錯誤，導致投寄錯誤。安徽桐城縣知縣劉瓚管轄的驛站，作為第一站首先發生錯誤，應受處罰。驛遞沿途中，曾經接受文書，並且再行遞寄的舒城縣知縣徐紹鑑，因為沒有仔細檢查，也有責任，因此兩位官員都判以「罰俸」的處罰。[10]

被賊匪偷取的本箱和乞丐路人拾去的公文

國立故宮博物院典藏的《乾隆朝宮中檔奏摺》中，曾經記錄一起賊人在半途中偷取直隸清苑縣馬夫劉福遞送的本箱的案件。乾隆四十七年七月二十三日前後，直隸總督鄭大前奏報已經遵旨親自審詢過清苑縣馬夫劉福的案情，了解具體情況。此案中劉福在遞送公文到四川的路上，被賊人偷偷割去了隨身攜帶的驛遞本箱。劉福此次驛遞本箱沿途都沒有其它馬夫驛弁相伴而行，因此使賊人小偷有可趁之機，在途中下手偷取。

《乾隆朝宮中檔奏摺》寫的簡單，但在《史語所內閣大庫檔案》保留了更為詳細的案情，幫助我們揭穿這一件賊罪偷盜公文案件的背後隱情。原來馬夫劉福在接遞寄送四川省本箱的過程裡，其實並沒有真正小心地注意馬匹的情況，導致馬匹在路上受到驚嚇逃跑，本箱也在馬匹逃跑的過程裡墜落在半途。後來，本箱又被路人撿走，在好奇心的驅使下拆開來看，而不是像劉福原先聲稱的，這個本箱是被賊人偷取了。此案的善後處理上，負有管理監督責任的知縣莊士寬，由於管理驛遞不慎，被交部議處究責。

此案的後續影響也不小，清廷在處理此案的過程裡相當謹慎地反覆查核，並一再重新思考

辦理的章程，並從中學習以改善遞驛流程。整體來看，此案雖然有些曲折離奇，但卻間接反映了當時驛遞沿路上的困難之處，不僅有自然天候所導致水淹路斷，又有治安不佳，賊匪為患等人為因素，種種都干擾了公務文書的正常寄遞工作。

若將公文遺失的案件歸納統合，我們可以發現位處驛遞必經之處的直隸省良鄉縣，經常發生公文被盜與差役不慎在半途失落公文的事件。在嘉慶十七年十一月就有一個案例，當時正值北方歲末冬寒，兵部官員董誥奏稱馬夫常興旺在遞送公文的半途中，路經直隸良鄉縣的時候被賊人劫去了公文。良鄉縣知縣范鍾因為想要規避上級的連帶處分，於是教唆馬夫捏造供詞，曲解隱瞞實情，希望將這件盜案壓下來。但事件依舊東窗事發，揭發後，良鄉縣知縣范鍾不僅被革去知縣官職。最後，還被流放至邊疆烏魯木齊。

嘉慶二十五年二月在直隸良鄉縣也發生一件遺失公文的案子，順天府尹劉鐶之在向朝廷提出的參奏中寫到，良鄉縣知縣陶金殿因為沒有慎選馬夫，過於疏忽大意，最後致使兵部發交軍機處的緊要公文在半路遺失。但知縣陶金殿不但沒有承認錯誤，一開始他還捏造事實，多方掩飾，向上級謊報馬匹因為在半路受驚失控，馬夫跌墜落馬，才使軍機處重要公文遺失。

事後，官府提詢馬夫史玉，這才發現驛遞途中根本沒有馬匹受驚，也沒有人員墜馬。因此，知縣陶金殿被議究責任，加以處罰。馬夫史玉亦交由刑部嚴加審詢，問明詳細情況。這件公文遺失案件恰巧也發生在良鄉縣一帶，時間上也是在冬末春初的時節，頗讓人心生懷疑。兩案互相參照之下，可以判斷應該其實都是驛遞馬夫在寄遞公文書信途中，途經良鄉縣一帶時，被賊人搶劫了，這才使得公文陸續發生遺失的情況。

公文被人搶走、偷走外，也可能會被不知情的人給撿走了。在《史語所內閣大庫檔案》中還記載了嘉慶十五年五月二十九日的另一件特殊事件。這次的事情一開始，咸寧縣馬夫賈德等人在接遞湖南寄送本箱的時候，馬匹受驚後失控，致使遞運本箱遺失在半途的道路上。但在當下寄遞文書的本箱並沒有被找回來，反而被沿途乞討的乞丐夏志平意外撿獲。夏志平也沒有仔細思考究竟應該如何處理在路旁拾得的公文本箱，反而誤把本箱給打破損壞了。

這起案件經過刑部審理後，判斷因為事關重大，涉案的馬夫賈德要判處杖刑。而那一位在半路上意外撿到公文本箱，卻又不慎毀損的乞丐夏志平，後來也難逃嚴厲刑責，被判處杖刑一百下，流刑三千里。他一時的糊塗，可以說是害苦了自己啊。

遺失公文的善後處理與尋找遺落的公文報匣

這些遺失的公文，有時因為負責官員們擔心受到處罰，或是想要脫責，而會被一延再延，幾乎使訊息被錯過了傳遞的機會。乾隆二十二年十月間，協辦大學士刑部尚書鄂彌達便曾奏報過驛遞馬夫高二格遺失公文的事件。案件中馬夫高二格在傳遞的過程時不慎遺失了公文，但卻沒有據實呈報，使得公文嚴重傳達延誤。這個案子的後續處理上，清廷嚴厲責命，此後若是遇到公文半途遺失的情況，相關官員應立刻將詳細情況上報，以便相關衙門重新補發公文書信，避免延誤。事實上，這一類遺報匣本箱、公文、奏摺的案例在清朝檔案的記錄中都並不少見，許多案件都可以看到具體的記錄。

有時為了避免延誤軍機，地方官員也會命令馬夫冒著風雨，強行渡江，驛遞公文書信。這是一件非常危險的事，也不是每次馬夫都能有驚無險的完成使命。有時候馬夫們也會有渡江失敗，發生溺水身亡的意外，公文奏摺也就因此漂失在滾滾地江水之中。《史語所藏內閣大庫檔案》裡曾有這類事件的記錄，道光二十一年閏三月的初春時分，江西省宜春知縣王嘉麟因為接遞傳寄緊要公文奏摺，事情緊急，便嚴令馬夫冒著風雨，強行渡江。然而，馬匹與人抵不過江水的衝擊，不幸在覆溺於江中。不慎漂失江中的兵部等處公文書信，後來都有被陸續尋獲，但延誤了傳遞時間，又損傷人命，知縣王嘉麟後來被交部議處，追究責任。

清朝官方對於驛遞路途中不幸發生意外殉職的馬夫差役們，也有撫卹恩賞的相關規定。根據中研院史語所典藏的《內閣大庫檔案》記載，嘉慶五年七月前後，正值夏季汛期，也是河川水勢高漲的時間。這時，薊州馬夫杜成泰在遞送吉林將軍奏摺的途中，不慎在渡河的時侯被水淹死了。嘉慶皇帝獲知此事後，特別頒有旨意，諭令加恩賞賜給馬夫杜成泰的家人白銀五十兩，並且指示查明杜成泰身故後，有沒有子嗣後人。嘉慶帝指示若是身後留有子嗣，要由其子頂領其父錢糧薪餉，作為撫卹。

經由這一些記錄在清朝檔案中的小故事，我們看到了這群驛遞馬夫的人生際遇，以及他們在遞寄半途中的各種意外插曲。小人物們為了達成使命付出的各種努力，儘管必須克服的重重困難與危險，為了讓緊急文書能夠順利送達，他們快馬加鞭、強渡洪流，有時甚至也付出了他們寶貴的生命，這一切都只為了完成使命。

延伸閱讀：

1. 秦國經，《明清檔案學》，北京：學苑出版社，2005。
2. 劉文鵬，《清代驛傳及其與疆域形成關係之研究》，北京：中國人民大學出版社，2004。
3. 蘇同炳，《明代驛遞制度》，臺北：中華叢書編審委員會，1969。
4. 王子今，《驛道史話》，北京：社會科學文獻出版社，2011。
5. 楊正泰，《明代驛站考（增訂本）》，上海：上海古籍出版社，2006。

第九章

明清北京的熱鬧市集與太監宮人的秘密交易往來

日斜戲散歸何處，宴樂居同六和居。
三大錢兒買好花，切糕鬼腿鬧喳喳。
清晨一碗甜漿粥，才吃茶湯又麵茶。
涼果炸糕聒耳多，吊爐燒餅艾窩窩。
叉子火燒剛買得，又聽硬麵叫餑餑。
稍麥餛飩列滿盤，新添挂粉好湯團。
爆肚油肝香灌腸，木樨黃菜片兒湯。

清代詩人楊米人，《都門竹枝詞》。

隆福寺廟會上的朝鮮使節情報活動

明清時期北京隆福寺一帶便有廟會市集，而且當時就以「京城小吃」而聞名四方，因此這個地方經常有人馬來往，異常熱鬧。除了詩人楊米人（生平不詳，約乾隆年間人士）在《都門竹枝詞》中提到的各種北京小吃食品與南北各色貨物之外，還有一些幻術雜技表演。朝鮮使節們曾經在《燕行錄》中詳細記錄了在廟會集市中的各種特殊見聞，例如使節團隨行成員之一，御醫金宗友就曾在記錄寫下，他在隆福寺街上購買的奇特玩具「筒蛇」。金宗友認為這種牛角製作的玩具，不僅動作有趣，還可用來作為醫治小兒病瘧的特別用途。當時的朝鮮醫者認為「驚嚇」就是一種藥引子，所以可用「筒蛇」嚇嚇孩童，以此來醫治幼兒疾病。[1]

除了逛廟會市集之外，朝鮮使節們也常到琉璃廠附近的舊書古玩市集購置各種圖書，還有尋找一些依照官方規定不能放行出關的圖書。為了搜集這些書，使節們通常會派出僕役私下購買。或許是出自懷念前朝的關係，有些記載裡也提及使節團成員會在這裡向書店詢問一些與明朝有關的圖書文獻與古董字畫。店家接到訂單這些後，會通知南方的伙伴，利用運書船將書，沿著大運河運送到北京。在北京四處購買珍貴圖書文獻，可以說是使節團比較正大光明的情報偵查項目。

相較之下，還有一些情況是使節團的高階使臣們不方便自己出面的。像是打聽北京天主堂外國傳教士的活動情況，他們會派出較低階隨行成員四處打探，希望有助於朝鮮理解西方世

界的具體情況。另外，使節團也會派出隨團子弟軍官們，私下向清朝宮人們偷買宮中的檔案簿冊，設法記錄研究，甚至想辦法挾帶偷運回朝鮮，以便調查清朝國情，這些都在各種傳世的燕行文獻中被隱隱約約地記錄了下來。

銷贓黑市窩點：地安門外的雜銀舖子

前文曾經提到宮中人時常偷偷將宮內物品偷盜出來，這些物品們如何被變賣，我們在清朝文獻中也可以窺知一二。根據太監偷盜案件的檔案文獻記載，其中一處銷贓黑市的窩點，是在紫禁城地安門外的「雜銀舖子」。為何會設立在地安門附近一帶，這裡面有相當絕對的地緣因素。

「地安門」在北京老百姓的口中，一般俗稱為「後門」，是相對於正陽門的「前門」而來。因此，地安門一帶的萬寧石橋，也被京城老百姓通稱為「後門橋」。地安門外的「後門橋」這一帶由於地鄰帽兒胡同的步軍統領衙門，以及什剎海附近的王府與官員宅第，人口眾多，因此在商業地利上佔了先機。

此外，又再加上在宮中當差的護軍侍衛、雜役蘇拉，以及內務府官員人等出入紫禁城主要都一定由地安門出入，勢必經過「後門橋」一帶。因此，所謂人流即錢流，後門橋周圍一帶的商號眾多，車馬往來繁榮，形成了一個相當繁榮的商業區。正因為有這樣的商業市集與地理條件，地安門外一帶才會開設雜銀舖子，而會涉入太監宮人變賣宮中玉器陳設的犯罪案，其實也算是合情合理。

乾隆二十九年九月二十九日前後，海永安寺宮殿遠帆閣處，發生了太監、蘇拉與宮中苑戶結夥竊盜宮內陳設玉器變賣的案件。結夥將宮中陳設的玉器帶出宮的太監、蘇拉與苑戶等人，一出地安門後便到了雜銀舖子，在該處店舖將宮廷玉器換成現錢，方便大夥私下分贓。從這起案件進行初步推理，可知推測地安門外的鄰近地方，一定有專門收買玉器的雜銀舖子。這些店舖也就類似現代社會專門銷贓的黑市交易據點，支援著太監宮人的犯罪行為。

《內務府奏銷檔》也記載了一件後宮荷包頭目差事銀兩與絨線銀兩被太監私下剋扣侵吞的奇特案件。太監趁機將後宮製作荷包等針線活的支出銀兩，扣在手中，不照實數核發，偷偷將應當支付的銀兩，企圖佔為己有。乾隆二十六年十二月二十日前後，內務府總管奏報太監劉進玉承辦宮中慶妃娘娘荷包卻從中獲取漁利。太監劉進玉在這一件貪污宮中絨線銀兩與絲緞荷包片料的案子裡，他曾在口供中提到，自己想要將宮中荷包針線活的工作，私下轉包給外頭的匠人辦理，以便上下其手，貪污銀兩差額。我們雖然無法從口供供詞中得知他究竟找了那些宮外匠人協助，但是從這件案子我們可以間接印證，太監們的非法活動需要京城中市集買賣人的協助，才有成功的可能。[2]

乾隆三十九年十一月中旬前後，翰林院掌院大學士舒赫德奏報太監徐貴私帶珍貴的兩包貂皮。奏摺中寫到他們一人背負一件由西華門出宮。西華門以西也就是「中官屯」（也是如今高科技大樓林立的中關村）。這一帶正好是年老宦官太監們因病出宮後，安養天年終老的地方。在這裡自然會有許多宮中太監來往，也可以合理懷疑有著私下交易。宮人偷帶珍貴貂皮出宮到西華門附近變賣銷贓也是可以理解的。[3]

圓明園宮門外的洋錶販售案件

除了偷竊玉器、絲緞荷包片料，還有許多東西也在太監們偷竊的範疇，例如西洋鐘錶。道光年間這個問題甚至嚴重到讓人難以想像的情況，引起了道光皇帝的注意。

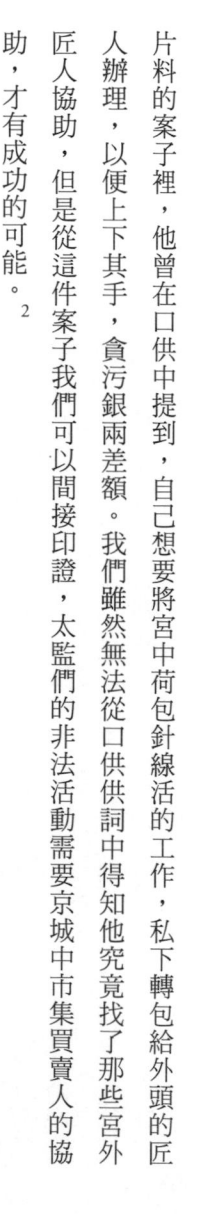

從嘉慶十六年閏三月初一日向朝廷奏報中就可以看到管內務府大臣穆克登額，提及宮殿中遺失洋錶的案件。雖然將相關太監們逐一進行連夜審訊，採取了不讓涉案太監們睡覺的偵訊方式，以便盡速破案。[4]但成效依舊不彰，圓明園宮門外的海甸中官屯一帶，甚至發生值班的太監們變賣值錢西洋鐘錶的狀況。

例如《道光朝宮中檔》記載，道光二年十二月十八日的冬季時分，道光皇帝命令總管內務府大臣，務必嚴加注意查禁宮中太監們在圓明園宮門外販賣洋錶的情況。並且要求要查禁太監們在圓明園宮門左近處開設茶館。皇帝心裡想必是很明白這太監手上的這些西洋物事，背後的來源必定很難說得明白。而太監們在圓明園宮門附近開設的茶館，也必定不只是專門在販售茶水，貪圖這點蠅頭小利。畢竟茶館之中，人來人往的，何嘗不是一處極佳的銷贓處所。

在這些件案子的表面之下，或多或少我們也可以看到太監們盜賣宮中物品的真實情況，也很有可能他們的作法如同地安門附近的商店一樣，銷贓的地下交易場所就在離案件發生地點不遠的地方，利用快快將贓物變現，盡可能縮短時間，減少了被查獲的可能性。

太監涉入的各種詐騙與金錢糾紛事件

綜合來看，清朝太監與宮外人民的金錢糾紛，多半涉及太監們借貸金錢不還、積欠商家貨款、仗著自身勢力向民人勒索誆詐財、物、貨品，或是違反禁例私買墳地，以及因為賭債糾紛而被步軍統領等負責京城秩序的專責衙門逮捕等事。

例如中國第一歷史檔案館典藏的《軍機處檔全宗．錄副奏摺》中記載：乾隆三十九年八月初八日，吏部左侍郎邁拉遜向朝廷奏報太監楊國泰詐騙海成銀兩。乾隆四十一年，兵部尚書福隆安也奏報太監張進成在宮外強索麩料，這些記錄都證實了太監們與宮外商販之間的各種經濟糾紛，而這些紛擾事件，大多都呈現了太監們藉勢強行索要商品物資的一面。[5]

類似案件還有發生在道光二十年三月初五日步軍統領奕經的奏報。當時，太監史進幅等人誘賭設局，並且對輸家所欠的賭帳，強行逼債。道光二十年八月十八日，中秋佳節前後，儘管加強京師巡查，但步軍統領隆文還是查獲詐騙嫌犯設局誆騙京城百姓民人衣服，並轉交給太監們私下售賣。

《軍機處檔全宗．錄副奏摺》還記載了咸豐十年三月下旬的前後，巡視北京東城的監察御

史毓通的相關奏報：京城東四牌樓經營線坊的商家李大控告太監韓進喜誆騙他錢文銀兩。此案中看到「李大」這個名字，我們通常可以判斷他是京城中從事勞力工作的老百姓。因為這些老百姓多會在姓氏之下，加以「大」字作為名字。旁人一聽其姓名，自然便明白其工作行當，出身背景為何。例如前文中提及的「邢大狐仙案」，邢大平日從事幫人燒香治病的民間宗教醫者工作，傳統上來說亦是出身不佳的行業之一。李氏身份低微，依靠手藝維生，生活並不容易。此案經受理審訊後，御史奏請將太監韓進喜交由刑部嚴審治罪。綜合而論，從商販李大控告太監韓進喜詐騙錢財案，我們多少可以看到宮中太監們與京城中各種中下階層老百姓之間的經濟互動與交流。至於，其間糾纏不清的關係，實在一言難以道盡。[6]

好賭成性，賭博喪命的太監宮人們

宮中人生活多半寂寞無趣，沒有寄託，因此許多太監平時都有愛好賭博的習慣。道光十六年十月初七日，為了解救私下賭博的太監下屬，當時掌管宮中事務的總管太監張爾漢出面向負責管理的官員耆英等人關說求情，希望能夠釋放太監張進忠。這事傳到了宮中，引了咸豐皇帝的不滿，而特有上諭旨意要求訓誡嚴查。咸豐皇帝在上諭中指示，太監張進忠因為賭博被逮捕，總管太監張爾漢不但沒有加以嚴查，卻向耆英懇求釋放。耆英也沒有嚴行拒絕，反而聽從請託，縱放人犯。如此瞻徇卑鄙，行為惡劣，必須要嚴加議處追究處罰。[7]

儘管嚴刑峻罰，太監們賭博的風氣依舊，難以根除。甚至還有從宮中逃跑的太監在逃亡的半途中，都忍不住找機會與老百姓聚賭一下。這種亡命天涯的半路上，依然不忘要賭上一把的人格特質，讓人會心一笑，不禁聯想到了金庸筆下人物的韋小寶也是好賭之徒。太監們為了賭博，即便是觸犯森嚴宮禁，也在所不惜。根據《史語所藏內閣大庫檔案》記載，道光十四年十二月中旬，直隸總督奏報拏獲逃走太監王喜壽。王喜壽太監在逃亡途中曾與民眾李老先生等人一同賭博。由於太監是不能任意地與一般老百姓們私相交往，甚至在外過夜的，更遑論一起賭博了。因此眾人聚賭被逮捕後，也都被追究責任與懲罰了。[8]

但是正所謂「十賭九輸」，賭徒生涯的下場多半不幸。沉迷賭博的太監們常因為缺錢，偷竊宮中錢票。而這樣的犯罪行為一旦被官府查獲，按照法律是必需要被判絞刑的。為了好賭，許多人也因此付出了生命的代價。《咸豐朝宮中檔奏摺》便記錄了這樣的歷史。內務府奏報宮中太監多次偷竊錢票，並且夥同賭博，咸豐皇帝在此奏摺中，特有旨意：「該太監等陸續偷竊，所有此案之周幅億、謝汶至，均著改為絞監候，秋後處決，餘依議」。

咸豐皇帝在批示中刻意加重了刑責，將涉案太監們處以「絞監候」，待秋後即行處決。十賭九輸，神仙也難救，賭博害人之深，不只是讓人偷盜，甚至還為此失去寶貴生命。這不僅是宮中人生活的一種無奈的寫照，某方面也是一種人性的不幸悲劇。[9]

南海普陀同進香：逃跑太監的信仰世界與心靈寄託

太監們依規定不能私下結交官員朋友，也不能任意出入宮廷。但凡是有制度，就一定有相對的弊病漏洞可以鑽營打點。他們多半利用出差辦事，尋找機會結識朋友，打通關係，或是私下與家人通信往來。甚至有些太監們也會利用機會逃出宮外，想辦法實現自己的各種心靈寄託，例如賭博，又或是達成自己宗教信仰上的修持理想。

相較於天理教在《林案口供檔》中所記錄下「無生老母」、「三劫輪替」這類民間秘密宗教信仰。有些太監則是虔誠的佛教信徒，他們相信有生之年，必須要到南海普陀山進香，這才完成了畢生的心願。時至今日，我們無法想像這些太監的心態究竟是什麼？但是人生有夢想需要實現，這是放諸四海的共通道理。也許遠赴南海普陀山，燒香禮佛並不能改變身為太監宮人的苦難困頓，但是至少在佛教輪迴因果觀念之下，此生修行，為求來生善緣。為了滿足宗教信仰的心願而亡命天涯，這是何其美麗，又何其無奈的人生夢想。

中國第一歷史檔案典藏的《宮中檔全宗》便記載有兩件太監逃亡，遠赴南海進香禮佛的案件。第一起事件發生於雍正元年正月二十九日，傳統上這還是年節時節，加上雍正皇帝新掌大寶的新朝氣象，本該氣氛一片昇平和樂。但是浙江巡撫李馥向朝廷奏報在境內拿獲一名逃跑太監鄭進忠。不過根據鄭進忠供稱，他並非私自出宮，而是奉了康熙皇帝的旨意，接了欽命差事，才特別出院前往南海進香。

由於浙江巡撫李馥無法確知鄭進忠的真偽，因此他特別向朝廷請旨，以便後續處理上，能夠有所準繩與依據。從案情紀錄我們無法得知鄭進忠是否說謊，但可以確知的是他真心想要到南海普陀山進香，所言並非虛假，而其中也有著極為強烈的動機。

時間相隔百年，道光五年五月初一日，內閣大學士曹振鏞向朝廷奏報逃亡太監馬長喜事件。在這個案件裡，太監馬長喜偽造差票，並且假冒差派官員的頂戴服飾，搭乘江蘇糧船幫工民眾喬鳳樣、胡祖源的船隻，沿著大運河一路南下，試圖前往南海進香。直到在道光四年十月

二十一日，馬長喜才被江蘇巡撫張師誠查獲。這兩件案子，雖然時間上有近一百年的差距，但是逃亡太監們共同的目的地，都不約而同的，是南海普陀的佛教聖地。

或許，這並不是巧合，而是有一種內在宗教信仰文化脈絡存在其中，逃出深宮的太監，或許也有精神層次的渴求期待。身為宮中人的這一世人生，命運雖不通達，但或許可以用生命的下半場來虔誠禮佛，以求迴向福德，修持來生。宮中人的小小心願，或者只是不用再面對生活中的無奈與辛苦磨難，而是一個平凡、簡單、幸福的人生際遇。

延伸閱讀：

1. 莊吉發，《真空家鄉：清代民間秘密宗教史研究》，臺北：文史哲出版社，2002。
2. 莊吉發，《故宮檔案述要》，臺北：國立故宮博物院，1983。
3. 韓書瑞（Susan Naquin）原著，朱修春譯，《北京：寺廟與城市生活（一四〇〇—一九〇〇）》（譯自：*Peking: Temples and City Life, 1400-1900*），新北市：稻鄉出版社，2014。

4. 韓書瑞（Susan Naquin）原著，陳仲丹譯，《千年末世之亂：一八一三年八卦教起義》（譯自：*Millenarian Rebellion in China: The Eight Trigrams Uprising of 1813*），南京：江蘇人民出版社，2010。
5. 張德澤，《清代國家機關考略》，北京：學苑出版社，2001。
6. 秦國經，《明清檔案學》，北京：學苑出版社，2005。

第十章

這裡也有宮外人：皇宮園林中的各種流動人口

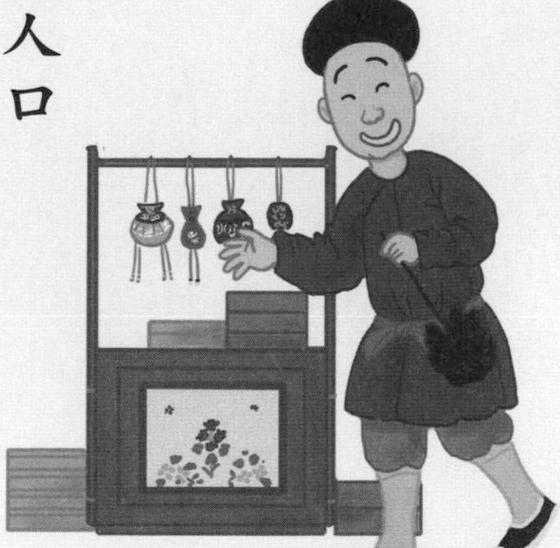

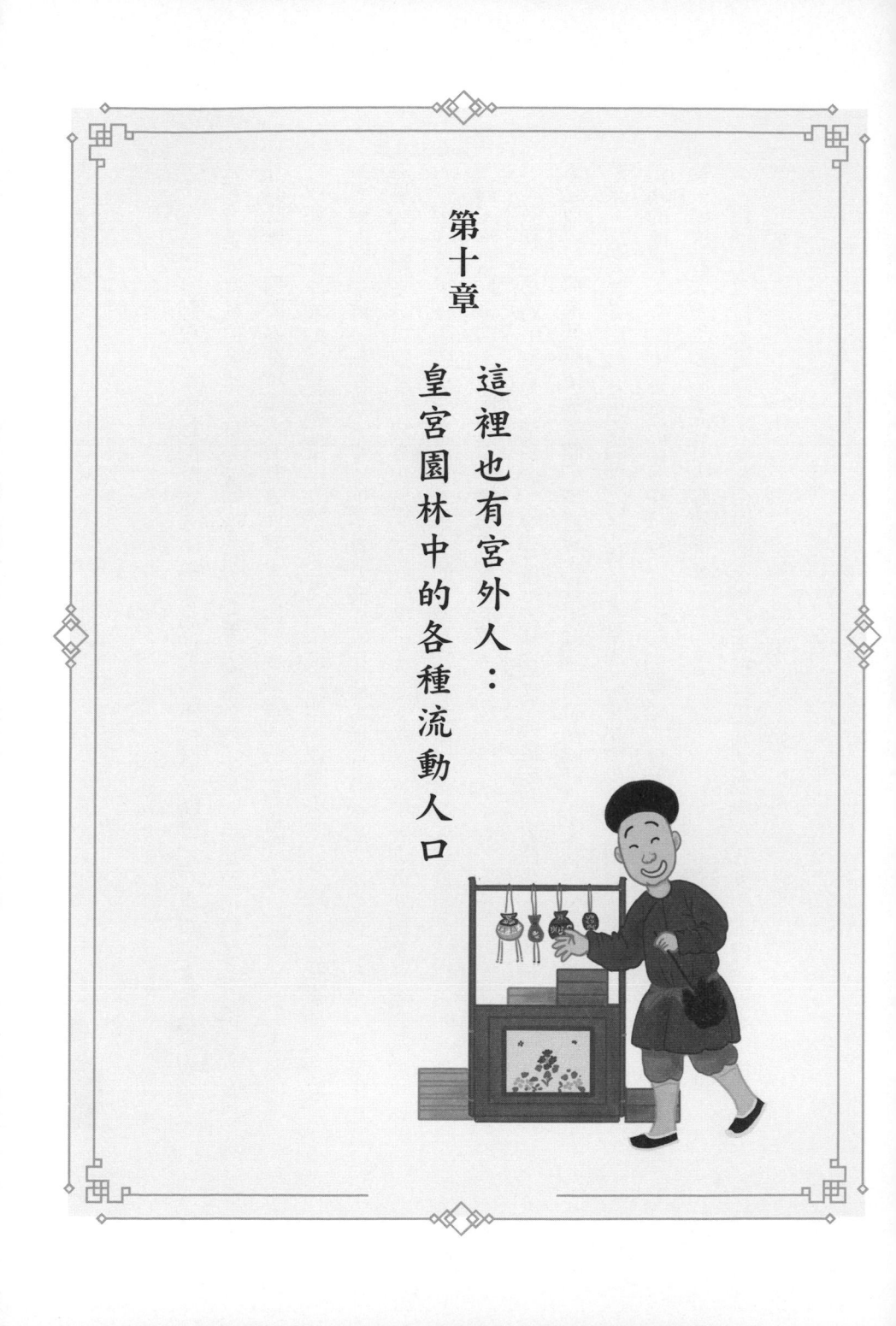

在清代宮廷與皇家園林門禁管理不夠嚴謹的情況下，許多時候都可以看到太監私下偷帶家人親友進入宮廷。多半，皇帝並不會發覺這些芝麻綠豆的小事。但是事情總是會有出乎意料之外的時候，例如嘉慶年間，便有幾件發生在紫禁城御膳房的突發事件。

其中一件案件記載於《中研院史語所藏明清內閣大庫檔案》，事件發生在嘉慶八年閏二月，圓明園中的「玉瀾堂」裡嘉慶皇帝當時正在用膳，並同時接見大臣們議論政事。但是不知道是因為剛進宮，還沒有熟悉規矩，還是一時的大意。幾個太監和在園明園寄住服雜役的民戶人家，竟然不長眼睛地穿過了正在用膳的嘉慶皇帝與大臣們議事。嘉慶皇帝震怒之下，便傳旨申飭了掌管此事的「三山大臣」縕布與額勒布兩人。[1]

該件「移會」文書中還記錄下了嘉慶皇帝的訓語：「朕召見大臣處，豈有任聽閑人往來行走之理」。檔案文獻中也記載下了清代宮廷中關於皇帝用膳時，太監、宮女、雜役人等的行事要求。依規定皇帝正在用膳議事時，傳膳人員應該是只能由旁後伺候，不能任意穿行。而不相關的閒雜人等，更是不能任意往來行走才對。[2] 畢竟，皇家御膳事關重大，不能有任何的差錯，而軍國大事也怎能讓閒雜人等聽聞呢。

除了漢文檔案記錄外，康熙年間的奏摺檔案裡也記載著與膳房有關的事例。檔案中提到太

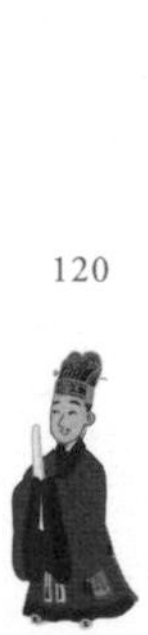

監魏玉將「好麵」、「次麵」混用，偷斤減兩，而且疑似將從膳房領取的一升大黃米麵偷出，私下帶往別的地方分人食用。[3]這些在皇家園林中當差，負責看守維護園林工作的園戶們不僅在圓明園中行為不檢點，康熙年間甚至有在暢春園內的園戶們趁機偷竊太監值班的值房，事後被拿獲案例。[4]嘉慶十年二月下旬，更有已經被革職的苑戶周套兒與同伙郭勇富倆人共同偷竊暢春園陳設物品。事跡敗漏後，周套兒依例，被判處「斬立決」的處罰。郭勇福則被發配至黑龍江，撥派給兵丁為奴。至於，負責巡更守衛的苑戶人等，由於疏懶失職，因此也分別受到處罰。[5]

太監私帶家人親戚寄住宮中

除了圓明園中的雜役民戶外，宮廷中還有太監會私下偷帶家人寄住宮中。嘉慶年間膳房太監總管奏稱膳房裡有太監將子姪偷帶進來，此人後來在嘉慶十五年六月十二日寅時在紫禁城外膳房投井而死。嘉慶皇帝聽說後非常震怒，諭令當日值班的貝勒永玶被究責，罰俸一年。至於其他相關官員，例如內務府值宿的司員等人也都被交部議處，擬罪責罰。[6]

御膳房的水井與皇家飲食大有關係。若是有人投井而死，井水怎麼能用於日常生活？膳房備膳的用水這可就出現了大問題。但關於這件案子還有許多疑點，例如宮中的膳房為何有外人留宿？留宿的人又為何要在臨晨時分投井而死？可惜從檔案裡我們無法得知確切的答案。但唯一可以知道的，就是御膳房中也有外來民人在其中生活住宿，而他們必定遇到了什麼事，這些事最後讓他們付出了生命的代價。

另外，《刑案匯覽》裡也記載了太監留宿外人的案例。嘉慶二十年七月發生的「逆犯充當太監夤緣滋弊」裡，可以看到逆犯後人出身的太監林表、林顯兩兄弟除了違犯禁例，私下結交近侍官員外，他們還曾經讓由臺灣遠道赴京探親的一位親戚劉碧玉，暫時留宿在圓明園「福園門」外的花洞，並安排作為她在北京的臨時住所。[7]

由於「福圓門」內的「東四所」即為皇子們在園明園內居住處所，乾隆帝曾在《園明園四十景圖詠》〈洞天深處〉一景的御製詩文中，提及此處為「予兄弟舊時讀書舍也」。福園門附近皇子阿哥們平日住所的安全，甚關緊要，怎能讓太監私下留宿外人？也正因此案事關重大，官方嚴審追究事件詳細經過細節，卻也無意間為我們保留下了一個太監私下偷帶家人入宮留宿的明顯案例。

匠役、皂役、買賣人、成衣人

事實上，紫禁城並非如一般人所想像的，管理森嚴，而且只有皇帝，以及太監、宮女們生活其間。為了維持宮廷的日常生活所需，需要各方面的小買賣人、商販與各類工匠技術人員支持著整個中樞機構在物質生活上的運作。清朝檔案的記錄中，具體呈現了紫禁城中各種流動人口形形色色的生活。

例如清朝相關檔案中便有記載：乾隆二十七年十二月，鑲黃旗護軍統領便有諮文，文中指稱民人石玉私自進入紫禁城內販賣酒水。[8] 俗語說「殺頭的生意有人做，賠錢的生意沒人做」，販賣酒水的買賣人為了圖利，自然也就會有私入禁城販酒的商業行為。前文有提到宮廷守衛的相關案子不乏酒醉鬧事的案例。想來，要能醉酒失態，那必定得先有地方買酒，紫禁城中販酒也必定有著一定的商機存在。除此之外，《史語所藏明清內閣大庫檔案》中也記錄著嘉慶年間多次申戒門禁，其後在道光年間仍然有民人任意出入紫禁城宮門的記錄。[9]

道光十九年九月下旬，刑部奏稱民人馬二格因為知曉內廷近來在進行歲修工程，因此向相關營作匠役人等售賣工程所剩下的破碎木柴。當時因為想要經謀獲利，馬二格便與劉祥一同擅

入西華門內，商同購買。但卻發生口角爭吵，馬二格情急下，即在隆宗門外將劉祥毆踢致傷。鬥毆案件發生後，馬二格被依律懲罰杖百，流放三千里，劉祥則也被依律懲罰杖刑一百下。這個案件不只呈現出宮門管制的鬆散，也呈現出宮廷歲修工程所剩餘的木材角料、破碎木柴，也是各類商販人等所覬覦的物料品項之一。[10]

匠役與買賣人謀利之餘，西華門內的宮禁之地竟然也就變作了木料商場。甚至，買賣不成，兩造更大膽地在隆宗門外口角鬥毆。此案的後續處理上，總管內務府大臣奕紀奏請將西華門值班主事文霖等人罰俸六個月，其它人等處以鞭責六十下作為處罰。

其它類似的案子還有多起，例如：雍正十二年九月十八日前後，護軍校等私放民人王德義由西華門處進入內廷買賣。道光十二年十二月初八日，戶部尚書兼管刑部事務的王鼎、總管內務府大臣奕紀等人奏報東華門值班章京富呢雅杭阿、護軍參領雙成等人把守失察，致使民人王亮於早晨辰初時分（大約早晨七點至八點鐘左右）私自混入內廷禁城。無業平民王亮趁機攀越屋牆，又至薩瑪房處，用力扭落官房門鎖，企圖行竊其中財物。[11]

此一案件經揭發審訊後，值班章京富呢雅杭阿、護軍參領雙成，倆人均被解職，交由刑部審訊，處以依例降一級調用的處罰。民人王亮則依律加重處罰，杖刑一百下，流放二千里。另

外，還有道光十八年十一月二十五日前後，東華門外開設飯舖的小生意人宋賢勤擅入紫禁城一案。這些大大小小的事件，反映的正是一種宮禁森嚴之外的特殊現象，宮外民人其實時常出入在宮廷生活之中。[12]

清宮造辦處的各種手工匠人們

若談到宮中使用的各種木料，必然會聯想到提供宮中各種日常生活用品、藝術裝飾、御用瓷器、大小家具陳設，以及各類玩賞雜項的造辦處。「造辦處」簡單來說，就是一座大型的「皇家御用工廠」。清代宮中的「造辦處」在全盛時期，曾經設有四十二個手工作坊，聚集了全國各種能工巧匠，各種作坊包括了如意館、金玉作、鑄爐處、造鐘處、畫院處、炮槍處、繡活處、鞍甲作、琺瑯作、玻璃廠、銅作、匣裱作、油木作、鐙裁作、盔頭作等等。

透過《造辦處活計檔》的文獻記載，我們也能側面觀察到這些擁有巧妙工藝技術的宮中人，以及清朝皇帝對於生活的藝術品味，還有太監們每天忙於傳達皇帝各種製作要求，遞送物項至造辦處製作修改的日常身影。

《養心殿造辦處史料輯覽》中便記載下了乾隆十年十一月初一日的詳細作業情況，包括了太監胡世杰轉交的掛屏樣式，以及乾隆皇帝的相關旨意。

乾隆十年十一月初一日，七品首領薩木哈來說，太監胡世杰交鑲白檀香邊橫披掛屏一件，宣紙白紙挑山一張，對字一幅。傳旨：照此畫屏上現畫的花紋樣款用交出宣紙畫對一幅，畫挑山一張，外邊白子要寬一指，裡邊花紋白子亦要寬一指，其裡邊畫心俱照樣畫……。13

乾隆十年十一月初七日也有相關檔案記錄，記載了乾隆皇帝要求造辦處製作九九消寒圖掛屏的相關旨意。《九九消寒圖》是在歲末時分的舊日歲時風俗，一般百姓人家照例會在年終懸掛《九九消寒圖》，每日則要在圖上添上一筆，待九九八十一日後，即填滿消寒圖。這時冬日將盡，春暖漸來，時序便到了春節時分。清朝宮廷裡也有這個風俗習慣，乾隆皇帝便曾命造辦處，依照圖稿製作消寒圖掛屏數件。由於《九九消寒圖》每日都要新添上一筆，所以在掛屏上必得有所特別設計，要能夠從抽板取出《消寒圖》。因此，乾隆帝特別詳細要求，命令宮人將

這個掛屏懸掛在養心殿、弘德殿、乾清宮、重華宮各處所。

乾隆十年十一月初七日，司庫白世秀，副催總達子來說，太監胡世杰交《消寒圖稿》二張。傳旨：著做彩勝掛屏二件，將花卉圖在養心殿東暖閣掛，人物圖在弘德殿秋林獨逸處掛。其二張俟交出時，亦做掛屏二件，乾清宮東暖閣掛一件，重華宮蘆雁畫處掛一件。其《九九圖》俱要做活的，欽此。於本月初九日司庫白世秀，副催總達子將《消寒圖》上做得塔式內，安活動抽板樣一件持進，交太監胡世杰呈覽。奉旨：俱照樣准用綾絹堆做。欽此。傳旨：著應添對子畫軸之處，添做俱做錦邊掛屏二件，得時在乾清宮一件。欽此。於十一月冬至日，司庫白世秀，副催總強錫將做得錦壁子，綾絹堆做《九九消寒圖》吊屏四件持進，按地方懸訖。14

這件困難的任務，可說讓造辦處想盡辦法，方才完成皇上指派的差事。最後，造辦處的工匠們總算設計出活動抽板的樣件進呈御覽，並得到了乾隆皇帝的認可。然後，趕在冬至日之前，全力完成了皇上交辦的任務。

整體來看，這些造辦處的檔案不僅呈現出了宮中匠人們如何努力完成皇帝交付的工作指示，在各種工藝上展現了過人的智慧與巧思，也在字裡行間保留下了這些宮中人的姓名，為他們在檔案文獻中留下了一些身影。

此外，清朝後宮中有不少承製裁縫差事的宮中人，替後宮娘娘們製作各種手工縫製的緞面荷包等隨身飾物。或許正因為宮廷服飾文化中，荷包是不可或缺的一種配飾，所以圍繞著荷包也就出現了太監貪污玩法的奇特案件。[15]

《內務府奏銷檔》中記載了一件後宮荷包頭目差事銀兩與絨線銀兩被太監剋扣私吞的奇特案件。乾隆二十六年十二月二十日前後，時至歲末年終。內務府總管奏報審詢太監劉進玉承辦荷包差事從中漁利的案情始末。劉進玉在口供中供稱平常在慶妃娘娘宮中專門管理針線活計以及製作大小荷包的相關差事，由其每年按照製辦數量，依例發放絨線銀兩給承製宮中荷包的「荷包頭兒」孫氏婦人，作為辦理活計的價銀。

太監劉進玉本來應該在乾隆二十五年將慶妃娘娘發下絨線銀四十一兩，全數交給荷包頭兒孫氏領取。但劉進玉貪污漁利，只給了孫氏十五兩，從中挪用了二十六兩，中飽私囊。等到乾隆二十六年，慶妃娘娘處又發下了荷包片裁料，共計七百七十四件，總共活計價銀為五十八兩。孫氏因為去年前帳未清，所以僅交出四百二十八件，尚有三百六十四件沒有交齊。劉進玉多次勸促，但孫氏說等領到了銀兩，才交出其餘的荷包活計。

太監劉進玉一時貪念，就想將孫氏在宮中當差的差使銀子十一兩二錢，以及這兩年的荷包製作價銀，一共銀九十五兩二錢全數扣下來，自己在宮外另找人家縫製。劉進玉心想宮外裁縫按件製作，只需銀八十八兩一錢，如此一來就可以

紫禁城小知識

清宮裡的「荷包」（fadu）

所謂的「荷包」，滿文寫為：「fadu」，原是滿族在草原騎射之時，習慣隨身配帶於腰間的包囊。原來意指盛放弓箭罩，或是行軍口糧的雜物袋囊。滿語中「裹帶口糧」與「荷包裹裝」（滿語寫作：fadulambi），以及「使裝荷包」（滿語寫作：fadulabumbi）的動詞中，便可看到「荷包」（fadu）由名詞轉為動詞詞幹來使用的情形，便可以證明其原先的用途功能所在。但是時代演變下，隨著宮廷生活中美感裝飾功能的強化，荷包多半繡工精美，絲織緞面樣式豐富，漸漸成為一種服裝上的華麗配飾。[16]

從中賺取價差。並且為了粉飾自己上下其手的劣行，劉進玉便謊稱荷包頭兒孫氏家中失火，因此把宮裡發下的荷包片裁料意外燒燬了。

太監劉進玉在供詞中陳述，他心想慶妃娘娘若是得知此事，必定對荷包頭兒孫氏有恩賞，自己還可以從中得利。十二月十四日，劉進玉便由宮外拿來了六十對荷包片料，暫放在其「他坦」收儲每一對價銀三錢五分，大荷包每一對的縫製價銀是一兩一錢，小荷包每一對價銀是五錢，由小太監壽兒轉呈慶妃娘娘，請娘娘從中挑用。

果然，十二月十六日，慶妃娘娘又再將劉進玉叫去，重新給了荷包片裁料四十一對。劉進玉便想將這些新裁的荷包片裁料，暫時放在「他坦」窩鋪小屋裡收藏，想再另外轉僱宮外其它人縫製。後來便東窗事發，劉進玉被內務府審詢，究治罪行，奏請將其發往打牲烏拉充當苦差。[17]

另外，清朝檔案中提及的「他坦」一辭，原係滿語tatan的音譯，意思指的即是後宮中的供太監們暫時住宿休息的窩鋪小屋。這類值班住宿小屋中，也常有宮外人來往留宿，甚至引起了咸豐皇帝的注意。

稍晚，咸豐三年三月間的上諭中，提到了禁止手藝人任意留宿於禁城公所房間，以嚴肅門禁的旨意。咸豐皇帝在同年四月份也提及禁城六宮之地，時常有「成衣之人」留宿宮中「他坦」窩鋪小屋的相關情況。咸豐帝此處提到的「成衣之人」，或許可能指的就是手藝匠人中的裁縫造衣之人。[19]

事實上，為了皇室宮廷的日常各種衣服布匹的需求，蘇州織造每年必須由江南向北京發運各種服袍布料透過《蘇州織造奏銷乙未運至壬寅運織造緞匹料等項錢糧黃冊》檔案文獻中，我們大略可以看到這些專供皇家使用的衣物布匹品項。

例如光緒二十二年發運的品項便有「捌絲地絨圈白牙叁潤色五爪正面龍各色滿粧袍」、「捌絲地絨圈白牙爪潤色五爪正面龍大

紫禁城小知識

「他坦」的滿語小知識

「他坦」一辭，也就是滿語tatan，根據日本學者羽田亨先生《滿和辭典》與山田恒雄先生《滿州語文語辭典》的相關辭條解釋，此辭的原意是野外臨時住宿的氈房小屋。類似的字辭還有coron tatan，也是指用木造支架組合而成，類似帳篷的窩鋪小屋。至於，清朝檔案文獻中提及的「他坦」，應該是意指專供太監宮人們暫時住宿休息的窩鋪小屋。[18]

紅滿粧袍」、「捌絲地絨圈白牙叁潤色五爪正面龍各色蟒襴緞」、「捌絲地絨圈白牙爪叁潤色捌寶伍爪小團龍各色粧緞」，「遮蓋用油布雨袱」，以及「裝盛衣物用皮包箱」等各種特別品項。

上述談及的商販、酒販、匠役、買賣人外，成衣之人，太監與他們認養的義子，太監的家人親戚等等，還有許多書辦、筆帖式、皂役人等都會出入在宮中。內廷、外廷的各種官署也都有大量的文書抄寫工作，因此在這些機構官署多半有皂役服務其中。皂役們雖然在出入上需要配帶腰牌，但在嘉慶年間，兵、吏、禮部等處都曾經發生過檔案冊籍被偷盜竊取的案件，此類案件中往往又以皂役與其親屬出入宮禁的記錄為多。[20]

此外，古代韓國使臣編纂的《燕行錄》中，也可以看到朝鮮使臣甚至在來訪之際，屢屢碰到有人向他們兜售官署文件檔案的情況。時至今日，其中的細節情況，我們已經難以確知。但是唯一可以確定的是宮廷日常生活的運作並不容易，常有疏漏。若換一個角度來看，我們所看到的並不是單純的行為失序案件，這些案件中所透露出來的訊息，其實是整個龐大的支援網絡，以及這些人際網絡背後所支持著各種相應服務，還有不被歷史記錄的無聲眾人，這一群生活在嚴格宮廷規矩與法律例文中的宮中人。

延伸閱讀：

1. 張榮選編，《養心殿造辦處史料輯覽》，第二輯・乾隆朝，北京：故宮出版社，2012。
2. 國立故宮博物院藏，《蘇州織造奏銷乙未運至壬寅運織造緞匹料等項錢糧黃冊》。
3. 賴惠敏，《乾隆皇帝的荷包》，臺北：中央研究院近代史研究所，2014。
4. 賴惠敏，《清皇族的階層結構與經濟生活》，瀋陽：遼寧民族出版社，2011。
5. 賴惠敏，《清代的皇權與世家》，北京：北京大學出版社，2010。

《蘇州織造奏銷乙未運至壬寅運織造緞匹料等項錢糧黃冊》（現藏國立故宮博物院）	
蘇州織造解運上用緞匹類別樣式（光緒二十二年四月二十七日解運）	**每件／匹／工料銀**
捌絲地絨圈白牙叁潤色五爪正面龍各色滿粧袍	每件35兩7錢
捌絲地絨圈白牙爪潤色五爪正面龍大紅滿粧袍	每件48兩4錢9分
捌絲地絨圈白牙叁潤色五爪正面龍各色蟒襴緞	每匹37兩7錢8分
捌絲地絨圈白牙叁潤色伍爪正面龍大紅蟒襴緞	每匹56兩6錢9釐
長肆丈大卷捌絲地絨圈白牙爪叁潤色捌寶伍爪小團龍各色粧緞	每匹52兩5錢6分7釐
長肆丈大卷捌絲地小團龍捌寶小花各色片金	每匹32兩2錢9分2釐
長肆丈大卷捌絲地小團龍捌寶小花大紅片金	每匹49兩4錢6分6釐
長叁丈大卷各色素倭緞	每匹32兩8錢1釐
長伍丈大卷各色捌絲大緞	每匹26兩8錢6分
長肆丈大卷重石青帽緞	每匹8兩9錢3分
遮蓋用油布雨袱	每箇3錢5分
裝盛衣物用皮包箱	每副2兩5錢
包封用竝機上襯紙	每匹銀5分
烘摺絨炭	每匹銀1分6釐3毫

第十一章

太監逃走中：宮中人的生活際遇與箇中甘苦

清代筆記小說中，清朝初年皇帝們對太監是抱持著相當高度戒心的。昭槤著名的筆記《嘯亭雜錄》卷一〈不用內監〉便提出了清代人對於內廷的具體觀察。例如當時皇帝為了識別太監們是不是有了解官方行政文書流程的能力，乾隆皇帝便想出了將這些「預奏聞事」的太監們，統一更改姓名，冠以「王」姓的方法。這些被加強管理的太監們若是被發現有和外朝官員往來，是會被處以嚴刑的。雖然對於史料文獻的正確性，我們不容易核實。但昭槤出身清朝宗室成員，他的記錄或多或少，都反映了一些清朝領袖階層的內心真實想法。[1]

清代在行政文書管理上確實較為嚴謹，這都是為了避免像明代太監當權所造成的禍事。或許，我們可以這樣說，以史為鑑，明代太監大檔們把持朝政的往事，依然深深影響著清朝數代皇帝，讓他們對於太監可能干預政治有著強烈的恐懼。也因此形成了清朝以宗室親王擔任內務府大臣，來管理太監大小事務的特殊制度。同時清代也在交泰殿特立鐵牌，用以警示內官太監，不得干預政事。但儘管宮廷禁樞規矩重重，但是再嚴密的管理，總還是會有一些漏洞，甚至也有太監的逃亡事件屢屢發生。

整體來說，清代宮廷中的「太監」其實是一種不太有生活保障的服務業工作。依照官府定例，若是太監們生病了，依照官例是會被逐出宮廷，放歸為民，聽任他自謀生路。但離開了皇家生活的太監們，並不被視為正常的人，謀生相當困難，因此，這種朝夕難保的日子，造就了太監們特異的行為與生活形態。

太監多是出身貧賤的人，為了找尋生路，進入宮廷常是他們謀生的途徑。例如出生在順天府大興縣貧寒人家的總管太監蘇培盛便是一個例子。他曾經是雍正潛邸（就是雍正皇帝繼位之前居住的王府，稱之為「潛邸」）中的近侍，後來隨著雍正登基，開始漸漸在內廷中行走，差事甚為得力，甚至成了宮內相當有權力的總管太監。但是即便如此深得雍正皇帝的信任，但他只要稍顯驕橫，便受到莊親王等人的參奏糾核，最後引來了雍正帝的訓戒，並被要求要約束言行舉止。

透過清代《內務府奏銷檔》的描述，我們可以看到在莊親王等親貴眼中，太監蘇培盛不過是一個出身低賤的下流之人。他只是因為得到了皇帝的恩賞拔用，才能在宮中當差。所以若他在宮廷日常生活裡，言行舉止稍有驕橫，那就是忘記了自己的身份，絕對需是要被好好究責，參議一番的。所以說，太監近侍無論官職大小，是否深受恩寵，不論如何，太監依舊被人看不起，生活在一種不安的氛圍之中。

太監偷寄家信與私下往來結交官員

也許是因為這些生活中的不安全感更加深了對於家人的思念，清朝檔案與《刑案匯覽》、《清實錄》中常可以看到查獲太監偷偷寄信給家人，以及私下請託帶信出宮的案例。國立故宮博物院典藏的《軍機處檔・月摺包》中便記錄了嘉慶二十二年八月二十一日，總管內務府大臣英和向朝廷奏報，有關審理宮中內左門當差太監王幅受擅自寄送書信給宮外家人的案例，並詳細記錄了太監王幅受寄出的家信內容。[2]

此案中太監王幅受曾多次託人寄信給住在天津縣的母親。這些往來書信最後都被查獲了，奏摺附件中甚至還保留了一封王幅受母親寄給他的家書。由於這件事違反了宮中禁例，王幅受被治罪處罰。但事件的源頭，其實是紫禁城外的王母因為思念兒子，才託人帶信給在宮中當差的王幅受。可是，儘管是母親的思念書信，也是被嚴格禁止的。當然依照律例而言，太監是不被允許私帶信件，傳遞私信也有相對應的處罰。

儘管觸犯宮禁，但這樣的違規事例仍然是屢見不鮮。畢竟思念家人、母親乃是人之常情。只是宮中人偏偏是沒有這種屬於常情的權力。正因為如此，清代其實有不少太監逃跑的案子，

試圖逃離這重重封鎖。而逃離宮廷的諸多例子，既有成功，自然也是有失敗的。被官府查拿到的逃跑太監們，多半也都得面對嚴厲的處罰。透過《內務府奏銷檔》中所記載的數件太監逃跑被官府捕獲的案例，我們可以得到一個概要的理解。

許多案例中，太監初次逃離被捕後，會被送回宮中，再作處置。多半的處罰是會被總管太監責罰，仗打六十下，然後再被判至吳甸、甕山等處鍘草一年。至於，有些多次逃跑成為累犯的太監，則會被加重處罰，例如被處以「鍘割野草二年」。這些逃跑太監們在接受割草勞役處罰完畢後，通常也不能回到原來當值的地方，只能被另外派到宮廷外圍的「端則門」等各處所，當差執役。

面對嚴厲的宮廷禁規，無計可施之下，宮中太監們有時也會與侍衛，以及在圓明園等處當差的滿族官員，結交朋友，進而請託幫忙代辦打點私人事務。但是事涉森嚴宮禁，稍有不慎，往往牽連多人。例如嘉慶二十年七月發生的一起宮廷弊案中，便與林爽文一案的逆犯後嗣林表、林顯兄弟兩人有重大關係。林爽文事件時，林氏兄弟因為年紀幼小，沒被牽連緣坐處死，而是被解送至北京閹割，充當宮中太監內侍。九死一生的情況下，兄弟二人順利生存了下來。隨著時間歲月，在宮中當差的兩人，漸漸開始有了人脈勢力。不過，因為一時的得意，林家兄

弟觸犯了太監不得與官員私下往來的禁規，犯了宮中大忌，引起一連串的事件。

綜合相關證詞，我們從中可以得知林氏兄弟的人際網絡相當綿密。兄弟兩人多年來在紫禁城、圓明園澄心堂等處當差，因此結交認識也在宮中當差二等侍衛林寅登、三等侍衛關敏，郎中吳春貴，候補主事普琳，以及在圓明園當差的內務府官員外郎慶琛等人。林氏兄弟於是利用這些人脈關係，照顧家人，並托他們轉帶各種家信物品，幫忙打點家中大小事情。[3]

該起宮廷弊案事件，因為牽連人數眾多，引起了嘉慶皇帝高度的重視。畢竟淨身入宮多年的逆犯後人，照理應當安靜守法，謹守分際，可是林氏兄弟卻私下四處結交宮中侍衛，甚至是內務府官員。這種行為嚴重觸犯了宮中禁例。因此，嘉慶帝特有旨意，太監林表、林顯兩兄弟，以及其弟林媽定，均照「與內官互相交結，洩漏事情，夤緣作弊律」，判以「斬監候」，酌期審明情實辦理。

此外，林氏兄弟的房產也都被查抄入官。二等侍衛林寅登則因為私下與太監林表往來，被判發配新疆伊犁。內務府員外郎慶琛因為曾贈與林顯布匹紗料，降職為主事。而內務府正黃旗護軍統領阿克當阿，也因與林顯相互餽送物品與銀兩，罰降為內務府郎中頂戴。[4]另外，候補主事普琳也因為與林媽定往來，並曾在蘇州贈付銀兩三十兩，降職為筆帖式。[5]在清朝檔案中保存有相當詳細的案件始末，國立故宮博物院典藏《嘉慶朝宮中檔》中甚至保存有澄心堂太監林表口供供單一份。6

太監的逃亡與自戕案件：瘋迷、投水、金刃傷

宮中生活不易，或許靠近權力中心，所以精神壓力特別巨大。太監們年老後出宮更是無依無靠，不堪宮廷生活的無奈悲苦，不少人無奈之下，偷跑出宮，想辦法另覓生路。據《內務府則例》的記載，清朝時許多太監往往裝病，棄職逃回家中後，就不再回皇宮中當差辦事。又或者是私下改換姓名，又再至京城各個王府當差，甚至是跑回原有的王府主人家中，也多有所見。《宮中檔》、《內務府奏銷檔》、《內務府奏案》等清朝檔案中也記錄了不少宮中太監犯罪的滿漢文檔案記錄，有偷盜宮中金銀財物首飾，也會攜帶贓物逃出宮外。

舉例來說，有的案例中太監是私下偷盜宮中銀兩、香供松石、珊瑚珠串等物，再找機會逃到宮外與家人會合，由家人代為藏匿贓物。例如《軍機處檔．月摺包》便記載有乾隆十七年三月九日，直隸總督方承觀奏報宮中太監馬陞趁機盜取宮中銀兩、松石，以及珊瑚珠串等物，逃

出宮外，並攜帶贓物交給家人親友藏匿。後來東窗事發，太監馬陞與家人被捕下獄治罪，並在他的家人住所裡搜出數串松石珠串，一併得上繳。[7]

類似的追捕與查緝逃亡太監的案例頗多，清朝檔案中也保存了許多逃跑太監的口供供單。國立故宮博物院典藏的《軍機處檔．月摺包》便有多筆記錄：乾隆十七年五月二十二日河南巡撫蔣炳奏報盤獲太監程貴一案，隨案並附有太監程貴的口供供單一份。[8]同類的案件並不少見，例如：乾隆二十四年元月二十九日兵部右侍郎阿爾泰向朝廷奏報緝拿逃走太監趙德一案；乾隆三十四年七月二十日，陝西巡撫勒爾謹奏報拏獲脫逃太監劉進玉解交內務府一事，同件奏摺中還附有太監劉進玉供單一份，提供了較為詳細的口供內容。[9]

類似的案件還有嘉慶二十一年九月二十四日，山東巡撫陳預奏報拏獲在逃太監孫如玉一案。相關的案件的善後處理與處罰條例上，逃亡的太監在被查獲後，會先押赴京城，之後再被送至內務府審訊，並究辦治罪。逃亡的太監們多半依照「監犯越獄之例」，究責定罪。例如乾隆四十六年八月四日，管理內務府大臣永瑢奏報奏報拿獲逃走太監張福並治罪一案中，太監張福便是依照「監犯越獄之例」，議處定罪。內務府處理此類案件非常嚴厲，更鼓勵彼此舉報，凡是協助官府拏獲逃跑的太監，都可以因功領賞。

此外，沒有能力偷跑，但又對生活絕望的宮中的太監、宮女們則有些會選擇在西華門附近、內務府衙門一帶投河、投湖。因此《刑案匯覽》中亦記載有專條〈禁城病迷自戕無親屬治罪例〉，這個條目所指的就是那些多有瘋迷，而於繡漪橋、昆明湖投水自盡的宮中人。除了投湖外，清朝檔案中也記載有宮中太監在御花園自縊的案子。[10]

生生死死，來來去去，太監們生活在這一座座的皇家園林中，看似雅緻華麗的紫禁城御花園，卻也是許多太監們在絕望中自縊身死的場所。有機會逃跑的太監們則往往會先向京城的西面逃去，從這面逃多半都會經過現在的「中關村」一帶。事實上，現今科技新貴聚集的「中關村」，在明清兩代是用另一種名稱出現在歷史中的，那時的地名寫作「中官屯」。所謂「中官」，即「太監」的雅稱。

「中官屯」作為明清兩朝許多年老離宮的太監們最後落腳處，又或太監死後入土為安的墓地。也因此，太監們逃亡需要熟人接應幫助時，大多會往這一代逃逸。北京海淀區中關村一帶，清代也還設有一個「恩濟莊」，也是收留恩濟年老太監在宮外安養天年的處所。北京著名的八寶山墓園區，則是明清兩代太監近侍們的主要墓地之一，留有不少的墓碑、墓園遺址。

《宮中檔》、《軍機處檔》、《內閣大庫檔案》中都記載了不少太監逃跑的案子。正由於逃跑

的太監人數眾多，乾隆年間曾向各親王府徵募在王府裡執事的太監以填補宮中的人事缺口。

這些出身親王府的太監們，來源更為複雜，多半是京城四鄰地區的窮苦人家，因此個性也較為強悍，時常在當差辦事的過程有所過失。但由於皇家日常生活需要大量人力供差，處理雜務，因此儘管知道也許會產生問題，依舊引進這些來自王府的太監，作為勞務人力的補充。

這確實也為嘉慶十八年天理教攻入紫禁城的亂事，埋下伏筆。天理教亂事件裡，追究宮中作為亂民內應的太監出身，便會發現他們許多便是這些原本在王府當差的太監。這一些王府出身的內官，原本就較為強悍，且與民間往來互動密切。另一方面，這些不同出身的王府太監們也不太能融入宮廷中的嚴格規矩，互動不佳的情況下，或許也造就深埋了日後反叛的遠因。

國立故宮博物院典藏的《林案口供檔》清楚記載下嘉慶十八年天理教亂事裡，曾在宮中果房任事太監楊進忠是如何加入天理教榮華會的概略經歷。楊進忠在口供中說道：

> 我本姓趙，繼與楊姓為子，二十五歲時充當太監在果房當差。嘉慶十四年上，因盟弟林四給我治好了病。林四原是榮華會中人，引我拜李潮佐為師，習紅陽教。我一家人，大哥趙大，即趙廷桂，兄弟趙三與繼子趙增都入教的……。我每年四月初一日到馬駒橋張大

家做會，張大的兄弟、兒子都是教中人……。本年六月間有李潮佐的師傅劉三與林四到我家內炕上，圍著炕桌，四面坐著劉三，同林四商量，說要起事，……到九月十五日，要我帶領教中人進西華門內起事……。[11]

楊進忠之所以加入天理教，起因於林四幫他醫治好了疾病，由此引領他拜師入教。透過太監楊進忠的口供，我們才得知道宮中人的宗教信仰其實比一般人想像的還要多元豐富，他們也有著自己對於宗教中理想世界的深切渴望。[12]

事實上，清代宮廷中的生活並不容易，也可能宮中規矩繁多，進而導致了宮中生活更加的苦悶。《刑案匯覽》中也保存了不少的案例，使我們得以一窺宮中人生活的點點滴滴。例如〈宮中忿爭〉等相關條目下，即收錄有不少宮中人生活的側面記錄。

民間宗教信仰：太監宮人們的心靈寄託

嘉慶十八年天理教攻入紫禁城的事件發生後，清朝官方曾將相關口供檔案，整理匯輯成

《林案供詞檔》。透過這份檔案，我們多少可以用不同的角度來觀察宮中人所信仰的天理教；一種盛行於乾嘉時期的民間秘密宗教。如果以現代的眼光來看，其實天理教這類秘密宗教的教首與頭目，就是地方知識創造者，以及另一種形式的地方菁英。他們作為宗教的意見領袖在地方鄉里的信徒之中，有著莫大的影響力。

教首們在農村聚落裡擁有著大批信眾的信服與支持，獲得鄉里社會中的實際控制力與經濟實力。因此在逐漸擴張後，由一村鄉里聚落的信仰，漸漸擴展向京城，甚至向紫禁城中的太監宮人展開了一定的宗教影響力。

整個《林案供詞檔》所提供的正是一個嘉慶十八年時直隸宛平縣宋家莊的一個地方知識樣本。供詞裡提供的不只是誰是邪教信眾與叛亂份子而已，更在行文描述裡，提供了一個清朝中葉農村社群內的世界觀與知識體系的真實樣貌。例如林清在口供中所提及的世界觀就是一個很好的例證。[13] 我們從林清的口供中可以得知到宋家莊裡一般民眾的世界觀想法，以及農村百姓們對於自然天象變化的思考，這種來自於民間秘密宗教的思想資源，形成了宋家莊這個農村社群中對於外在世界的各種體悟與心靈感受。

若從宗教世界觀的角度來看，民間秘密宗教的「劫變」思想是宋家莊這個聚落裡天理教信眾們所認同的世界秩序。這個秩序由青羊、紅羊、白羊的三劫應變思維構成。孔聖人、張天師，所對應到的是天王、地王的人物形象，其實都只是神聖性的偶像，並非是實際地方權力的政治象徵。這其中凝聚信徒的世界觀與價值觀，其實來自多種多樣的思想資源，呈現出了民間信仰的豐富與多樣性。[14]

此外，身為職掌總領七卦的李文成，與總領八卦的林清，產生了有趣的對照與比較。李文成是人王，掌有天下，但是身為總領八卦的林清，卻以成為孔聖人與張天師為追求的目標。天王、地王、人王的說法，配合上了三劫應變的思想，構成了宋家莊天理教信徒的共同理想形式。

從天象與時間來看，宋家莊的天理教信徒並不支持官方改訂的曆書，轉而認可林清所提出的閏八月中秋的應運起事，甚至隱隱約約的也配合著民間普遍傳說中的中秋節「吃月餅、殺韃子」的傳統掌故。清朝中央政府所改訂的閏八月，雖然改動曆法，直接跳過閏八月，將時憲曆記月份，略加調動到九月。

但是對於林清等宋家莊的天理教眾而言，月份的認可來自於林清所言及的《天書》。《天書》所提供的片斷經句，更成為了整個民間起事動員的媒介物。清朝國家秩序所直接投射在地方聚落的象徵物，曆書與孔子的形象，都被林清做出了全新的解釋與引用，創造出全新的地方知識。我們可以說這類的民間信仰提供了一種新的知識，新的價值觀，同時也影響了許多宮中人的信仰。

延伸閱讀：

1. 國立故宮博物院藏，《林案供詞檔》，嘉慶十八年九月，文獻編號：625000001。
2. 國立故宮博物院藏，《林案供詞檔》，嘉慶十八年十月，文獻編號：625000002。
3. 歐大年（Daniel L. Overmyer）著，劉心勇等譯，《中國民間宗教教派研究》，上海：上海古籍出版社，1993。
4. 清·昭槤，《嘯亭雜錄》，臺北：新興書局，1979。
5. 馬西沙、韓秉方著，《中國民間宗教史》，北京：中國社會科學出版社，2004。
6. 莊吉發，《真空家鄉：清代民間秘密宗教史研究》，臺北：文史哲出版社，2002。

第十二章

秀女、宮女、官女子：明清宮廷女子的日常生活

「宮女」，有時在文獻記載中也被稱為「宮娥」，清朝滿文檔案裡使用的對譯為：「gurung ni sargan juse」，也就是宮殿中的女孩子。相較於太監的滿語只是音譯為：「taigiyan」，「宮女」一辭在文字上似乎比較貼近清代宮廷中的日常生活。[1]這些在宮殿中生活的女子們，的確是在很年輕的時候就被選入了宮中當差。「選秀女」的過程許多清宮劇中都有相當的描寫，但事實上究竟是怎麼一回事呢？依照史料文獻的相關記載，清代宮女是從內務府一年一度的選秀中，在三旗包衣（即「鑲黃旗」、「正黃旗」、「正白旗」三旗轄下的包衣）中年滿十三歲以上，至十五歲左右的女孩子裡面，特別選拔出來，成為「宮女」進入宮廷之中。

這些宮中人的來源看似單純，但事實上包括了內務府上三旗包衣的各種成員，他們可以說是依靠著皇權而生存的團體與政治勢力。[2]另外，清朝在入關前的軍事攻略中，也曾經擄掠不少朝鮮裔的女子，但並沒有如同元、明兩朝一般形成了常規的「貢女制度」。[3]相較於以秀女充實後宮，清代內務府的宮女選擇，多半用途是為了挑選在宮廷執行禮儀事務的女官、僕役人力等職務需求。偌大的宮廷中除了瑣務，還有許多繁瑣的儀式典禮，這些都需要「女官」與「官女子」的協助。例如在各種皇家冊封典禮儀式中宣唸冊文的都是宮中女官。

資深老宮人：「內廷姥姥」、「管家婆婆」與「媽媽里」

清朝承繼了明代的宮廷制度，也有部分變革的地方。明代宮廷中的女官制度也有相當嚴明的規範，但學識教養，人生際遇往往都會影響到一位宮女在內廷中地位的升降。學者們普遍認為明代宮廷中的流動性較大，女性在其中地位上升的機會也比較多。

根據史料記載，明代以來不少頗具學識的官員家庭會將女孩送入宮中，使其擔任女官的職務，有些也專門負責後宮中七個局司的各項行政工作。另外，還有許多女子以不同的各種方式進入宮中，並被分配到各宮殿，服侍特定的皇室成員，或者從事灑掃等雜役事務。而她們豐富的知識與出色的能力可以是向上晉升的重要條件。一般而言，宮廷中的宮女們，甚至是包括太監在內，可以說有為數不少的宮中人經由持續學習，培養專門的才能，進而爬上內廷職位的頂峰位置。[4]

大體而言，因為工作能力受到朝廷的肯可，年長的女官們便有機會成為宮中的資深宮女，這些宮女在文獻中有時稱為「內廷姥姥」，一般也稱他們為「姥姥」，或寫作「老老」，或「婆婆」、「老太」。而這群姥姥中能夠服侍皇帝，每天清晨為皇帝櫛髮梳頭的老宮人，在宮中的地

位是最尊榮無比的。

根據清朝沈元欽在《秋燈錄》中記載：「宮女與帝櫛髮者為最尊，稱：『管家婆』」，這些管家婆婆們在宮中各殿服務，平時約束各宮宮人的言行舉止。[5]其中地位較高的「大管家婆子」在服飾上也與一般宮女不同，他們會將「髮髻」盤於頂上，兩旁裝飾金珠釵釧，再於一端用黑紗罩蓋，用以和宮中妃子有所區別。僅由服飾一項，便可看到各宮管家婆婆身份的尊榮。明代中葉以來，也有些說法認為所謂的「老老」意思，其實就是「供奉之老」、「老於事者」，以及「年之老者」，但總而言之，都是宮廷中對於「老宮人們」的一種美稱。

這一些資深的宮女們成為「管家婆子」後，便會負責督導宮中某一個宮殿的行政事務，或是全權負責管理公主府，這樣的身份地位與相應的權力也就相對提升。另外，官女們若是照顧養孺皇子，立有功勞。待到皇子成年即位之後，便常會被恩賜「夫人」的頭銜稱號，這時原本的宮女身份便頓時變得尊貴無比，地位可以說是僅次於后妃。另外，宮中女官們向上晉升還有另一種重要機緣，那便是在宮中突然受到皇帝臨幸，而成為後宮妃嬪之列，甚至進而有了身孕，身份自然立刻榮貴。

不過，宮女出身而位列妃嬪，因為出身不好，在內宮妃嬪中常被刻意冷落，甚至遭到閒

言中傷與私下排擠。至於，宮人犯錯受罰一事，明代宮女受到懲罰，除了工作上的各種失誤之外，也牽涉到了後宮妃嬪貴婦間的各種權力爭鬥。往往失寵或被逼死的妃嬪，除了自己遭遇不幸，所屬的宮女亦多連帶受害。福禍相倚，際遇起伏，宮中生活的黑暗面往往伴隨著向上晉升的機會而來。[6]

歷史學者們曾經根據文獻，來分析討論過明清宮廷中女官們與各宮宮人的具體總人數。明神宗時期曾有文獻記載，提到宮女人數約略為一千五百人左右。此後，順治二年閏六月初四日，多爾袞曾經詢問大學士有關明廷宮女人數的情況，相關的奏報中則提到了宮女人數約為數千人的一個概略數字。[7] 明世宗嘉靖十年大內東所發生火災，明世宗曾經在相關文獻《火警或問》中提及「宮中地面狹窄，房屋重疊，宮人有三、四人止一房者」。[8] 中研院研究員邱仲麟研究員分析，認為若以四人住一房來推論，嘉靖末年宮女人數約為二千六百人，需要住房六百五十處。[9] 但綜合各方面史料文獻評估，並同時考量到紫禁城的居住空間，以及各宮太監的人數，估計紫禁城中宮人們的總體人數應該很難超過三千人以上。

康熙二十九年正月大學士們曾經奉旨清查宮人與他們平時所用物品，在奏報中特別提到紫禁城各宮宮女的人數詳細情況：慈寧宮、寧壽宮外，乾清宮妃嬪以下，各種「使令老媼」、

「灑掃宮女」等宮人，合計有一百三十四人，數量甚少。乾隆年間《國朝宮史》也記載過皇太后以下各處宮殿的宮女配額人數的具體情況，例如在皇太后處服侍的宮女為十二名、皇后宮中則為十名，皇貴妃配有八名、貴妃亦配有八名宮女。此外，妃嬪等處也配有六名宮女，貴人處配有四名，常在處配有三名，答應處也配有兩名。

除此之外，單士元先生曾在《故宮史話》中提到清代宮廷中除了宮女之外，還設有「媽媽哩」一職。所謂的「媽媽哩」，有時在檔案中也有寫作「媽媽里」，其實是滿語「mamari」的音譯。[10]日本學者羽田亨先生編著的《滿和辭典》與山田恒雄先生編著的《滿州語文語辭典》中，便有解譯「mamari」是「mama」的複數形。「mama」一辭除了指「祖母」以外，此字還有「老嫗」的意思，也是對於年長女性的一種尊稱。因此，所謂的「媽媽里」（mamari），滿語中的意思就是「老嫗們」，也就是年長的資深宮女們。

明清易代之後，宮廷之中雖然職稱有些變化，但是管家婆婆、媽媽里這一類年長宮人們依然在宮廷生活中扮演著重要的角色。透過檔案文獻的記錄，我們可以看到清朝皇帝們對於照顧其生活起居的「媽媽里」，也是相當禮遇照顧，多有恩賜封賞。[11]

「齋戒牌子」與「宮廷規矩」

清朝宮廷中有許多祭祀典禮，包括了祭天、祭社稷壇、祈雨、親耕、親蠶，以及佛事祈福等，在這些大大小小的祭典儀式前，除了皇室成員以及文武百官們需要齋戒外，宮人們也要一同齋戒。在飲食與生活舉行上都要遵守規矩，安靜守份。為了提醒官員與宮人們要注意齋戒期間的言行舉止，據說雍正皇帝特命將原來懸掛在宮中的齋戒木牌，依照尺寸縮小，製作成可以配飾在身上的「齋戒牌」（滿語寫作：bolgomi targa），讓宮中人等可以佩帶在胸前心口處，時時提醒，莫忘要在齋戒期間，修養心性。[12]

演變到了後來，「齋戒牌」成為了一種在宮廷中很普及的佩帶飾物，材質有白銀、琺瑯、鹿角、象牙、玉石、木質等等，造型也是不全然是方方正正的牌狀樣式，而有了葫蘆、莓果、雲紋等形式。通常在一面上刻有漢文「齋戒」，另一方則是刻有滿文的「齋戒牌」字樣。這雖然只是一種在宮中常見的飾物，但卻是一種宮廷規矩的象徵。生活在宮中，一言一行，都要合於規定，不要逾矩，也不能任性而為。

除了在宮中當差之外，另外被分派到親王府、阿哥府中服侍親貴的「官女子」們，平時多半得協助處理王府中的大小差事。據《內務府奏銷檔》的記載，若是遇到阿哥府中福晉陪嫁的使女人數不足的情況，內務府也會派出「官女子」補足數額，進入王府負責擔任福晉使女，伺候王府福晉的日常生活起居。原先是在內務府登記在冊的記名女子，一經派入王宮當差，也一樣得依照著規矩過著日子，安份守已，勤於差事。[13]

但若是有幸得到了皇子阿哥的恩寵，而且又孕生皇孫，因子而貴，也能得到晉封成為皇子阿哥的側室福晉。例如道光皇帝登基即位前，他的母親原來在潛邸的側室福晉，即係府中服侍的那拉氏「官女子」，後來因子而貴，被封為和妃。其餘的情況中，宮女們只有因為染患疾病，才會依例退出宮外。例如：國立故宮博物院典藏的《光緒朝軍機處檔》中，便記錄有內務府大臣世續奏陳總管太監，壽東宮、壽西宮各有一名女子因病離開宮廷的相關事例。[14]

來自朝鮮的義順公主

明清時期有不少宮人來自於朝鮮，雖然研究上多半認為朝鮮貢女制度只有延續到清初，但是這些來自朝鮮的身影，其實在歷史文獻中一直若隱若現，讓人多少可以發覺到相關的線索。

例如《明英宗實錄》記載的一則關於「放歸朝鮮國婦人」的事件。《明英宗實錄》，卷二，宣德十年三月初一記載：「放朝鮮國婦女金黑等五十三人還其國。金黑等自宣德初年取來，久留京師。上憫其有鄉土父母之念，特遣中官送回，且諭其國王悉遣還家，勿致失所」。宣德十年元月宣宗崩逝，英宗即位，次年才改元，所以應是時年九歲的小皇帝即位後的諭令，放歸宮中的朝鮮婦女。校勘記中寫到有作「金魚」者，也有寫作「金黑」者。[15]

而清初宮廷之中也有來自朝鮮的宮人，不過直接的史料文獻不似明代豐富。只能根據法國傳教士Claude Charles Dallet在十九世紀撰寫的《朝鮮事情》的記載，獲得一些側面了解：時至清代，朝鮮似有持續有向清廷進貢每年三千位女子。但是否有具體官方文書，可供佐證，目前還仍有爭議，我們或許可以把這視為一種側面的域外記錄。

宮中人的來源，除了來自京城鄰近地域的窮苦人家外，有些可能也來自於朝鮮域外的呈貢。例如具體事證，清初「義順公主」就是個很好的例子。清初多爾袞向朝鮮王室求娶公主，當時李朝孝宗皇帝便將宗室錦林君之女出嫁，作為權變之計，此女即為「義順公主」。

後來多爾袞亡故，義順公主改嫁給為和碩端重親王博洛為妃。但是博洛後來又病故，義順公主便寡居於京城。順治十三年時，公主的父親錦林君出使清朝，便向朝廷提出請求，希望可

以將女兒送其返還朝鮮故國。根據朝鮮實錄中的記載，公主返國後，頗有優禮。

康熙元年時，義順公主亡故，朝鮮官方喪禮所需從優籌辦。錦林君則因為不合兩國文書往來的規定，私自呈文，向清朝索還公主一事，因此被彈劾，削奪官爵。公主雖然平安返國，但是錦林君卻被削去官爵，受到處罰。人生波折重重之中，總讓人感覺到這一個充滿悲傷的故事，可以說是明清兩朝宮中人的一個側影。人身在世並不自由，來來去去，往往是天意作弄，無可奈何。

延伸閱讀：

1. 邱仲麟，〈明代宮人的榮與辱：從職業婦女社會流動的角度切入〉，《故宮學刊》（2014），總第十二輯，頁91-125。
2. 邱仲麟，〈陰氣鬱積：明代宮人的採選與放出〉，《臺大歷史學報》（2012.12），第五十期，頁33-107。

3. 邱仲麟，〈庸人自擾：清代採選秀女的訛言與社會恐慌〉，《清華學報》（2014），新四四卷，第三期，頁419-457。
4. 定宜莊，《滿族的婦女生活與婚姻制度研究》，北京：北京大學出版社，1999。
5. 朱子彥，《後宮制度研究》，上海：華東師範大學出版社，1998。

第十三章

如夢似幻話當年：明清宮廷職人的回憶錄

現代人所偏愛歷史改編的愛情浪漫劇情，或是勾心鬥角的連環心計，但這卻不一定是宮廷生活的真實寫照。宮中人的生活往往在一些回憶錄的片段中，才留下了極為動人的側寫背景。這篇中我們將談到宮廷回憶的一種全景式概觀，由宮中人的親身經歷出發，透過這些宮廷職人筆下的文字，帶我們走入他們的人生歷練與體悟。在那裡，我們可以看到很多最真實的生命際遇，繁華富麗中，往往有些落寞孤寂，留給後世研究者們一種「如夢似幻」的滄桑感受。

例如《酌中志》，這一本由明代宦官所寫的關於宮廷掌故見聞的特殊作品，後世許多對於明代宮廷的理解，多半出自此書。書中很多所謂的宮中秘聞，甚至是傳說，時常是許多文藝創作的發想源頭，但其實許多的情節與背景描寫卻與宮中人的實際生活相差甚遠。雖然書中的往昔生活其實有如陌生異境，熟悉之中有著許多本質上的不同，但是細細讀去，依然讓人為之動容。

《酌中志》：劉若愚筆下的明代宮廷生活

《酌中志》，又稱為《酌中志略》，作者劉若愚出生於北直隸延慶州。他的家庭背景，父親是位武將，曾官至遼陽協鎮副總兵。照理來說，這樣的家世應該子繼父業，擔任軍職工作。但劉若愚卻在十六歲時做了一場奇特的異夢，夢醒後頗有感應，因而自宮淨身。[1]

後來，劉若愚在萬曆二十九年時入宮，並開始在司禮監太監陳萬化管轄下，專門負責抄寫謄錄等文書工作。天啟初年，劉氏被魏忠賢的親信李永貞等人調到內廷內直房中當差，從事文書相關工作。從這時開始他逐步與當權太監魏忠賢熟識，也開始知道了魏忠賢等人平日的陰謀。但劉氏在內廷中為求明哲保身，不想投身政爭，所以也不敢對外傳講，只好平時在宮中一邊勤奮辦事，同時卻裝做什麼都不知道，繼續過日子。同時，他也將自己改名為「若愚」。劉氏或許是因為取「大智若愚」之意，想要在宮中權力爭鬥中巧妙地保護好自身安全，避免惹禍上身。但後來魏忠賢被官員們彈劾，劉若愚還是沒有逃過，被牽連入罪，謫職到孝陵淨軍一職，負責看守陵墓。

崇禎元年，朝廷在平反高攀龍等人被誣陷致死一案的時候，查出最初的彈劾上疏的人，原來也是魏忠賢，是他將空白奏疏交與李永貞，並再用蘇杭織造李實的名義填寫而成。此案被揭發之後，李永貞被處斬，而劉若愚也被以同謀治罪，並被判以斬監候。劉若愚在獄中為申明案情中的冤屈，所以將宮中見聞作為材料寫成了《酌中志》，表明心志。

劉氏後來沒有被立即處刑，而被關押在獄中，直至崇禎十四年前後，才被釋放。劉氏《酌中志》書中的〈內臣職掌紀略〉、〈大內規制紀略〉、〈內板經書紀略〉、〈內臣佩服紀略〉、〈飲食好尚紀略〉幾章都是專門記載宮中的制度和生活習慣。書中的〈見聞瑣事雜記〉則是記載宮中見聞瑣事。或許淨身入宮一事，本來對劉氏而言就是綺夢一場，南軻黃粱，不過是泡沫幻影，如露亦如電。

綜合各種官書文獻記載來看，關於明代內侍太監的相關歷史記錄，其實並不少見，甚至還有許多太監的墓誌銘存世，記載下了這些宮中人的生活片斷。但是由於後世研究者們與社會大眾對於宮人的印象多半不佳，或者認為太監近侍是傳統帝制中特務政治的一種禍患，又或者認為國家的敗亡禍亂多半因為宦者得權，倒行逆施，政治腐敗，才釀成天下大亂。

因此，早期的研究多半由負面觀感出發，相關史料的整理也是較為有限。不過，近年來大陸學者胡丹先生所輯考的三大冊《明代宦官史料長編》，整理了大量的有關史料。透過這部史料長編，我們看到了不僅在《明實錄》中有相關記錄，甚至還包括了明代宦官的墓誌銘，以及宦官們捐助佛寺與修石碑的碑陰誌記等。這一些原本埋沒在荒野蔓草中的石刻史料文獻，被挖掘出來多少提供了我們一種不同的視角，看待宮中人的日常生活歷史。時至今日，或多或少，我們都可以了解宮中人有著更為豐富的人生樣貌，而不僅只是刻板印象中的宦官亂政。這一些宮中人的生命史也許在文獻記錄中不過只是幾段簡略的文字，但仍然足夠讓我們感同身受的體會他們人生的各種際遇。[2]

晚清太監宮女們的回憶錄

曾經在晚清宮廷中生活過的太監宮女們在新中國建立後，有些人開始寫下了相關的回憶記錄。透過這些回憶，我們多少也可以一窺宮中人的生活情況的梗概。這些回憶錄從宮中人的角度，觀察到了最高權力者的日常生活，同時也在不經意間留下了宮中人的人生甘苦心得。例如：教育家與文藝工作者金易曾經與沈義羚合作，根據晚清宮人何榮兒的回憶口述記錄，進一步編著而成的《宮女談往錄：儲秀宮裡隨侍慈禧八年》一書，便是一個例子。

何榮兒，這一位曾經隨侍在慈禧太后身邊的宮女，她的人生可以說是許多晚清宮人的際遇縮影。何榮兒出身京城旗人，十三歲時便選入宮中當差，此後便在儲秀宮裡專門隨侍慈禧太后。何榮兒的回憶錄中記載了晚清宮廷生活的方方面面，正因為充滿日常生活中的見聞，所以

在分享了宮中人甘苦際遇的同時，寫出了史料文獻中所沒有的生命熱度。

何榮兒身處的儲秀宮因為要專門服侍太后老佛爺，所以訂下的各種規矩也就特別的嚴格。要處理雜役打掃，還是伺候更衣梳洗，而且在繁重的工作下，儲秀宮的宮女們還都得要衣冠整齊，鞋襪潔新。

即便時至晚清，滿族的語言文化依然在宮廷生活中扮演了重要的角色。例如：慈禧皇太后的滿文稱號為「jilan hūturi hūwang taiho」，「慈禧」二字在滿文中對譯為：「jilanhūturi」，「jilan」有「慈悲」、「仁慈」的意思，至於「hūturi」則有「福禧」之意。[3]或許，正因為「慈悲」之意，老佛爺總是喜歡在宮廷攝影照片中扮作「慈悲為懷，救苦救難」的觀音大士。而在慈禧太后身邊隨侍的宮人們，的確在物質層面上也受到諸多照顧。善待侍從親近之人，某一方面，這或許也是在多年在宮廷生活中所積累而成的一種人生智慧。

十八歲時，何榮兒由老佛爺指婚，嫁給了總管太監李蓮英的乾兒子，一位劉姓的太監，婚禮風風光光，老佛爺恩賞八抬嫁妝，各樣珍寶手飾一應俱全。只可惜雙方沒有長期認識的基礎，婚姻維持不了多久。婚後不久，榮兒的丈夫便染了很嚴重的鴉片煙癮，家庭生活每況愈下，很快地她便離婚回到了娘家。[4]

但是相較於其它的宮女、太監們，這樣的際遇其實並不算太差，人生的甘苦無奈有時多半是身不由己。晚清宮廷的生活景況，透過這些在新中國的口述訪問，而能留下一些宮中歲月的吉光片羽，讓人們可以在字裡行間去尋覓那一個已經逝去的大清帝國。

英國教師莊士敦的回憶錄

明清宮廷中除了上述各章提及內侍太監與宮女們外，其實還有來自遠方的傳教友人，例如：耶穌會教士利瑪竇、湯若望、白晉神父都有在宮廷中供職的記錄。這些來自歐洲的耶穌會士原本都是以傳教為職志，不遠千里來到中國，宣揚天主教教義。但為了能夠接觸皇室成員，得到宮廷的支持與認同，教士們多半得靠著個人的專業技能在宮廷中擔任技術官職，以博取機會。而透過他們的眼光，我們所看到的清代宮廷成員，也有了更多人性化的面向。

透過教士們的記載，我們得知清朝皇帝們會用滿語中的「祖父」一辭，也就是瑪法（mafa）來尊稱這些神父們，例如：康熙皇帝就曾經用「湯瑪法」來稱呼湯若望神父，這個稱號分外顯得親切，而且帶有一種日常生活的感受。如果說朝鮮的燕行使者們提供的是一種域外

文化的視野與觀感，那麼，這些來自歐洲的傳教士們，帶來的則是另一種不同宗教與世界觀所體會到的宮廷生活。不同的文化，帶來了不同的觀察，讓後世有更多不同的觀察窗口，從中感受到不同的宮廷文化氛圍。隨著時代變化，傳教士們漸漸走入了民間農村展開了他們的宣教事業，而晚清宮廷中接著登場的，則是來自西方的另一種知識分子。

晚清宮廷中隨著西力東漸，紫禁城所要面對的不僅只是列強的船堅砲利，還有來自遠方異國的文化思想，甚至還包括一位來自大英帝國蘇格蘭的外籍老師，莊士敦（Sir Reginald Fleming Johnston, 1874-1938）。莊士敦作為愛新覺羅．溥儀這一位末代皇帝的老師，他畢業於英國牛津大學，早年曾經在香港殖民政府中任職，後來在一九〇六年出任英國在山東半島的殖民地威海衛擔任行政官員。其後應聘成為溥儀的英語老師，他奇特的人生經歷，讓人好奇，也有如一扇窗口，讓人得以一探晚清宮廷的真實情景。或者，我們該這樣說，若是由外國帝師眼中來觀察的晚清宮廷生活與末代皇帝，以及這樣一座處在時局紛擾，危亡之際的紫禁城，則又是另一種不同的華麗光景。

電影《末代皇帝》便利用出現在溥儀身邊的英國教師莊士敦，來象徵西方力量來到了紫禁城，他教導著中國最後一位皇帝學習英文，騎自行車，玩網球，熟悉西餐禮儀等西方紳士生活的各種必備教養。莊士敦在離開了紫禁城後，一九二七年曾經出任英國政府在山東半島殖民地威海衛的總督，直到一九三〇年十月一日威海衛歸還中國，莊士敦才返回英國。

一九三一年，莊士敦開始在倫敦大學亞非學院擔任教授，主要研究為漢學，他在一九三八年於愛丁堡去世，享年六十四歲，並且寫下了幾本有趣的回憶集與小書，例如《紫禁城的黃昏》（*Twilight in the Forbidden City*）；《龍與獅在華北的相遇》（*Lion and Dragon in Northern China*）。

其中，《紫禁城的黃昏》這一本將近五百頁的回憶錄，則被認為是研究與了解溥儀的第一手史料。莊士敦在這本書中詳細介紹了清朝宮廷最後的一段歲月，以及在辛亥革命爆發前後的所見所聞。莊士敦相當熟悉晚清宮廷中的重要成員，因此記載下了不少晚清政局重要事件的相關始末。

這一本有趣的書後來多次再版，甚至成為了電影《末代皇帝》的劇本構想來源，也被翻譯成日文，並在日本多次再版發行。不過，由於書中涉及了不少晚清以來日本在中國的活動，所以一些日文譯者對於譯文內容過度刪節修改，後續引起不少的爭議。或者，我們可以說這一位英國紳士的作品，帶領了各國讀者們用不同的角度重新認識那一段帝國最後的歲月，正因為宮廷生活是這樣的吸引人，甚至在這一場上演著帝王夢想的權力舞台上，幕升幕落，都是紫禁城最為動人的黃昏景色。

相較於溥儀的自傳《我的前半生》，莊士敦的筆下呈現的觀察，更帶有一種若即若離的距離，描述著大清帝國的最後歲月。古人詩句不是這樣寫著，「夕陽無限好，只是近黃昏」，紫禁城最美好的一幕，也正是最接近大清帝國走入黃昏的那一刻。

虛實之間的北京隱士：英國巴恪思爵士的虛構與回憶

英國著名史學家瑞瓦．崔佛羅伯教授（Hugh Redwald Trevor-Roper, 1914-2003），畢業於牛津大學，在西元一九五七年獲得英國皇室認可而被核定為該校現代史之欽定講座教授（Regius professor），其後又接任劍橋大學彼得豪斯學院院長（Master of Peterhouse, Cambridge）一職。他對英國初期現代史，以及德國納粹史有相當獨到的研究，撰有多本學術專著。

因為因緣巧合，這一位英國權威史學家在其晚年對於收藏在圖書館中的英國貴族回憶錄進行過一系列整理研究。崔佛羅伯教授運用偵探般的考證方法，透過多方調查比對，完成了這本引人注意的專著：《北京隱士：巴恪思爵士的秘密生活》（*The Hermit of Peking: The Hidden Life of Sir Edmund Backhouse*）。崔佛羅伯教授在書中提出他的看法，認為巴恪思爵士（Sir Edmund Backhouse）的回憶錄，也就是《太后與我：「北京隱士」巴恪思爵士回憶錄》一書，其實只是一種虛構成分佔大多數的文學創作，並且巧妙構思多年的一場騙局。

但無論書中內容是否全然虛構，又或者是巴恪思爵士究竟有沒有真的如同書中所描寫的一般，過著那樣浪漫神秘的生活，他仍然是一位在十九世紀末到二十世紀初年，長年生活在北京的英國貴族。他所架構的故事背景，其實就是許多往來出沒在宮廷中的各種職人，或許也包括一些北京英國人社群中的生活面向與某些街頭巷尾的小道消息。而我們唯一可以肯定的是，在當時他便已經透過介紹清朝的紀實作品，在英倫享有盛名，可以說是那時候的中國通之一。

書中字裡行間也許是不經意為之，但在在透露出了宮廷內外的各種細節知識。這些知識往往是中國人習以為常，或是認為並不重要，但對外國人而言，卻是充滿異國情調的新奇異聞。虛實之間，或真或偽，難以分辨，但產生出這種作品的宮廷文化，其實才是最吸引人的神秘之處。

巴恪思爵士與其友人濮蘭德（John Otway Percy Bland, 1863-1945）共同撰寫過兩本書：

西元一九一〇年出版的《慈禧皇太后統治下的中國》（*China Under the Empress Dowager*），以及其後在西元一九一四年出版的《北京宮廷年鑑與備忘錄》（*Annals and Memoirs of the Court of Peking*），這兩本書在當時頗為暢銷，盛行一時。《慈禧皇太后統治下的中國》則被當時歐洲學界視為是有關中國皇朝最後統治者的首部經典作品，西方世界的文人們甚至認為是深具權威性的詳細資料，時常被用來作為引述的重要參考內容。

《北京宮廷年鑑與備忘錄》書中有關史實的精準、細節之生動易讀，具有無法取代的地方，而且就其內容而言，是一本始自明朝終至清朝的歷代皇室所發生歷史事件的紀實文選。這一本書可以說是在北京任職的西方外交官員們，放置在手邊隨時參考歷史知識的重要參考書。整體來看，這一些紀實性的作品正是巴恪思爵士得享盛名的重要原因，但也成為他日後巧妙造偽，虛構故事的背景素材來源之一。

巴恪思爵士的偽造文獻，以及他佈局設計的東方離奇際遇，可以說是一場籌劃多年的精巧設計。他曾在與友人們的通信中，提及他寫作與經手的各種晚清名人日記與回憶錄，包括了《景善日記》、《李蓮英回憶錄》等等。巴恪思爵士詳細描述了這些文獻的細節內容，並且還向友人提出邀請，希望利用這些珍貴手稿進行書籍的寫作。

透過崔佛羅伯教授的研究，這些書信中很多只能在巴恪思爵士的圖書收藏中看到幾頁英文譯稿的手稿與回憶錄逐一曝光。這些文獻極有可能只是巴恪思爵士高明的文學創作之一，想要用來沽名釣譽，同時獲取更多的金錢援助與出版機會。但無論如何，這些來來往往的信件、各式各樣的文稿，也讓我們得以理解當時的歐洲政治菁英們的心態。處在當時的政治情境中，這些歐洲菁英們多麼渴望能夠獲得晚清中國的相關知識情報，以及政治上的各種秘辛傳聞。因此，虛構的起因，或許只是源自於歐洲大陸廣大讀者們在知識獵奇上的特殊需求，而巴恪思爵士在其中發現到了一些從中獲取利益的機會。

至於，巴恪思爵士回憶錄中那些讓人大為吃驚的情欲描寫，也許並非是色情文學的創作，或許我們該放在當時英國人對於東方世界的想像，以及「東方主義」的敘事套語來觀察，這或許不是一種創作，而是一種故事的格式，讓讀者們可以在一種熟悉的情景中進入到古老中國的氛圍，而不是在各種宮廷規矩與儀式中迷失方向，而且完全失去了閱讀的樂趣。

我們在閱讀這些有關宮中人的記錄時，的確會犯下一些錯置的閱讀問題，把自身的情感與關懷框架在這些敘事情節之中。或許，巴恪思爵士真正想寫下的是他在紫禁城中的見聞，以及古老中國的各種文化與日常生活。但很可惜的是這一些支撐著神秘東方的背景知識，卻時常在讀者們的眼前呈現出一種最平淡無味的感覺與氛圍。爵士的筆下世界虛實難分，但他所描述的異國故事，其實有著一個宮廷文化的宏大背景。若換一種角度來閱讀，由宮中人生活的點點滴滴著手，我們將會看到一種不一樣的風景，聽到一種不一樣的歷史潛流，並且感知到大清帝國在沒落前，宮廷文化最繁華似錦，但又逐漸陷於破敗混亂的最終章節。

延伸閱讀：

1. 明．劉若愚，《酌中志》，北京：北京古籍出版社，1994。
2. 胡丹輯考，《明代宦官史料長編》，南京：鳳凰出版社，2014。
3. 埃蒙德．巴恪思（Sir Edmund Trelawny Backhouse）著；王笑歌譯，《太后與我：「北京隱士」巴恪思爵士回憶錄》（譯自：*Décadene mandchoue: the China memoirs of Sir Edmund Trelawny Backhouse*），新北市：INK印刻文學，2011。
4. 休．特雷費．羅珀（Hugh Redwald Trevor-Roper）著；胡濱、吳乃華譯，《北京的隱士：巴克斯爵士的隱蔽生活》（譯自：*The Hermit of Peking: The Hidden Life of Sir Edmund*

Backhouse），濟南：齊魯書社出版發行，1986。

5. 林京編著，《晚清太監宮女掠影》，北京：紫禁城出版社，2002。

6. 莊士敦（Sir Reginald Fleming Johnston）著，惠春林等譯，《紫禁城的黃昏》（譯自：*Twilight in the Forbidden City*），北京：紫禁城出版社，2010。

7. 金易、沈義羚著，《宮女談往錄：儲秀宮裡隨侍慈禧八年》，北京：紫禁城出版社，1991。

第十四章

是真再來人：紫禁城裡的章嘉國師

為清朝皇帝們依重的藏傳佛教領袖

佛教信仰對於清代皇帝甚為重要，嘉慶皇帝六十大壽時，朝廷籌辦「六旬萬壽聖典」便曾修造了一萬六千尊佛像，為嘉慶皇帝廣修福壽。[1] 其中，藏傳佛教的活佛們在清朝政治文化中亦扮演了相當重要的角色，在當時蒙古、西藏地區最重要的藏傳佛教領袖之一，即是「章嘉呼圖克圖呼畢勒罕」，也就一般人所熟知的「章嘉活佛」。章嘉活佛的地位崇高，經過多次的轉世都一直在清朝宗教文化，以及邊疆治理的政務中，扮演了極為重要的角色。

現代人可能無法完全瞭解、認同宮廷中協助皇帝處理宗教事務的章嘉國師，他乘願轉世再來的特殊事蹟。但數次轉世後，章嘉活佛一直都是清朝皇帝們所依重的藏傳佛教領袖，往來於京城、蒙古、西藏等地，成為傳達中樞政令的欽命使者。清朝皇帝在管理西藏、青海、大小金川等地的各種宗教與國政事務上，都有賴於章嘉活佛的輔佐協助。章嘉活佛在內外政務與宗教文化上各項重要實績也都有相當出色的表現，在《清實錄》與相關檔案文獻中，都有相當詳細的記載。

通曉多種民族語言的章嘉國師與《滿文大藏經》

章嘉國師在清朝宮廷中的角色，並不只單純是藏傳佛教上師而已，他同時也參與各種不同的飲宴禮儀，以及藏傳佛教經典的編譯，甚至還支援清廷敕諭旨意的民族語言翻譯工作。例如《清高宗純皇帝實錄》中記載，乾隆三年正月初十日，乾隆皇帝依照慣例在豐澤園大幄，支架蒙古帳房，舉辦筵宴，宴請外藩蒙古親王。乾隆帝同時也邀章嘉呼圖克圖活佛一同出席。豐澤園宴飲的前後，還依等級，發給不同賞賜。[2]除了各式禮品、藏傳佛教法器之外，清朝皇帝也賞賜過相當數量的銀兩給章嘉國師。乾隆皇帝甚至曾經賞賜三世章嘉活佛御用金龍黃傘與黃幰車，作為禮敬上師的無上尊榮禮遇。[3]國立故宮博物院藏《軍機處檔．月摺包》中就有多筆相關記錄。例如：乾隆四十六年閏五月十九日，山西巡撫雅德奏報已派員領回先前墊付賞給章嘉國師白銀一萬兩的核銷事項。[4]

另外，乾隆皇帝發願完成《滿文大藏經》的纂修工作，在這部卷帙龐大的經書翻譯工作中，三世章嘉活佛，也就是章嘉若必多吉國師可以說付出了相當的心力。作為乾隆皇帝的藏傳佛教上師，以及自小在宮中生活伴讀成長的同伴，三世章嘉不僅深受雍正皇帝的恩寵，而且也

深得乾隆皇帝的信任。

章嘉國師為了能夠精確將梵文字母、藏文字母，對音翻譯成滿文，而參考梵文創製了「滿文阿禮嘎禮字母」，《滿文大藏經》便是在這樣的文字創製工作的基礎上，才有了具體實現的可能性。我們可以說如果沒有像章嘉國師，這樣能夠通識滿、漢、藏、蒙古、梵文的多語言人才，這樣的宗教經典翻譯工作，是不可能具有圓滿成功的條件存在。

章嘉活佛的翻譯長才不僅貢獻在佛教經典，章嘉也在清廷處理西藏、蒙古與大小金川政務中，運用豐富的民族語言知識，協助將皇帝的敕諭旨意精準轉譯成當地的民族語言，以便使政令的有效傳達。例如乾隆年間正當用兵新疆之際，蒙古諸部譁變，沿途驛站不通，致使清廷前線軍情聯繫中斷，情勢異常嚴峻。危急之際，三世章嘉活佛運用了豐富的民族語言與政教知識，寫信勸降了蒙古諸部首領，化解一場大戰，讓清廷得以全力應對新疆戰事。

另外，乾隆皇帝為處理西藏事務上，也常有賴章嘉國師的誠懇勸諫，才讓乾隆帝改變心意，全力支持達賴喇嘛恢復西藏地區的政教秩序，而不是直接在藏區建立類似各省的行政管理建置。此外，翻譯乾隆皇帝旨意的相關重要國家政務工作中，多由章嘉活佛主持其事，這些處處都可見到其深受敬重之處。

乾隆十四年二月份前後，乾隆皇帝在對金川土司莎羅奔、郎卡等人頒行敕諭的時候，由於擔心譯員能力不足，無法清楚傳達旨意內容，特別任命章嘉國師負責此項關係重大的聖旨翻譯工作，由他來全權主持此事。[5] 由《清實錄》中的記載可以知道，乾隆皇帝在處理金川土司的重要國政事務上，章嘉國師對於藏區的相關知識，以及其多語言翻譯的能力也在其中扮演了重要的角色。章嘉活佛的翻譯，有助於清朝官方清楚的傳達乾隆皇帝的旨意，並避免發生語言理解上的錯誤。

另一方面，章嘉活佛對於藏傳佛教的知識，也發揮在協助皇帝處理宗教事務上。他建議在紫禁城內敬奉壇城法器，建立「吉祥萬年，寰宇康寧」的政治與宗教願景。例如國立故宮博物院典藏的「利益金造曼達壇城」，就是在章嘉國師的建議下，乾隆皇帝特別崇敬敬奉在紫禁城中，作為內廷「吉祥萬年，寰宇康寧」的佛教寶器。用於裝盛曼達盤的皮盒，上面也貼有白綾，書寫著漢、滿、蒙、藏四體文字墨書。

文件記載這件法器在順治九年（1653），隨五世達賴喇嘛來到北京，特別贈送清朝順治皇帝，兩人的會面可以說為此後一段相對和平的時期拉開了序幕。因此，這件法器也特別具有象徵的意義，象徵吉祥和平，利益天下眾生。後來，在章嘉活佛建議下，乾隆皇帝特別將壇城恭奉於紫禁城養心殿佛堂。綾上文書寫道：「利益金造曼達，乃世祖皇帝時五輩達賴喇嘛來京供於西黃寺，章嘉胡土克圖以其吉祥萬年，寰宇康寧，眾生利益故，奏聞皇上，請於內庭供奉」。

欽派由京赴藏區、蒙古等地宣化的使者

清朝為了團結西藏與蒙古各旗的政治與宗教領袖，時常利用藏傳佛教作為一種溝通方式，形成共同文化信仰的媒介，讓宗教信仰的語言來安撫不同種族領袖們的意見。章嘉活佛可以說，在這清朝宗教與外交事務中，充份發揮了這種溝通內外的特殊角色，使得各方的意見可以交流互動。

自康熙朝起始，直至晚清，章嘉活佛與其弟子們皆為清廷效力，時常往來於京師與藏區之間，作為欽派使者，或是宣達政令，或是參與藏傳佛教重要領袖坐床典禮儀式，成為重要的清朝官方代表。

《康熙朝宮中檔滿文奏摺》與《軍機處檔．月摺包》中便記錄有章嘉胡圖克圖與其弟子們

的諸多請安奏摺，向清廷表示盡忠效力。[6]清朝歷代皇帝們為了表示與章嘉活佛之間的密切關係，也往往會特別致贈隨身法器作為禮物。例如在《清實錄》中便有相關記載，光緒皇帝在光緒二十年十一月特別賞賜章嘉活佛御用噶巴拉僧骨念珠。這件事不僅表現出了清朝皇帝禮遇藏傳佛教上師的虔誠崇敬之心，也向各方展現著章嘉即為清朝皇帝欽派使者的特殊崇高地位。[7]

同時，每當章嘉由京師出發，或是由藏區起程前往京城的時候，清朝皇帝都會派兵隨行保護。《雍正朝宮中檔滿文奏摺》中記載，雍正二年閏四月初十八日，雍正皇帝諭令撫遠大將軍年羹堯在閱兵完畢後，專門派人護送章嘉活佛，沿途保護送至京師。[8]

雍正皇帝在章嘉活佛離開北京返回西藏的路上，也特別派有專員，沿途一路護送照料。[9]清廷同時也命令甘肅巡撫常鈞特別派員全程照料護送，這些都可以證實清朝官方對於章嘉生活起居的照料與重視。

道光年間也有類似事例，活佛是清廷尋訪多年，轉世乘願再來，不論幾次轉世清廷的禮遇重視一如往例，並沒有任何的改變。《宮中檔道光朝奏摺》中記載，道光二十一年十二月初三日，歲末隆冬時分，四川總督寶興向朝廷報告章嘉呼圖克圖，以及理藩院司員等先後經過四川情況，並且附上章嘉的恭請聖安，進獻哈達賀贈禮物事的奏報。[10]

為了保護章嘉活佛的人身安全，清朝官員不僅由理藩院司員專門與章嘉活佛一路同行，而且沿途經過情況，各管轄巡撫總督都要據實奏報，一路向上呈報。這種重視與照顧不只在生前如此慎重與注意，甚至在章嘉活佛病故後，道光皇帝更特下諭旨賞賜佛座，以示崇敬。[11]

章嘉活佛作為清朝皇帝在西藏、青海與蒙古等地的欽派代表，時常銜命參與藏傳佛教領袖的坐床、圓寂等重要政教儀式，擔任清朝皇帝與政教領袖之間溝通意見，進行文化交流的重要皇家使者。章嘉活佛甚至代表官方管理藏傳佛教寺廟的產業財物，並且約束管理各處寺廟中的喇嘛僧眾們。《宮中檔道光朝奏摺》中記載，道光二十二年七月十八日，孟保、海樸等官員奏稱，達賴喇嘛等應遞呈京師貢物，遵旨轉交給章嘉呼圖克圖，再由章嘉帶來京師呈進。[12]

道光二十二年十月二十七日，四川總督寶興向朝廷奏報章嘉呼圖克圖親赴西藏探視達賴喇嘛坐床一事。[13]從此事的相關記錄中，我們可以看到章嘉活佛代表清朝官方，親赴西藏觀察看視達賴喇嘛進行坐床的重要政教儀式。《宮中檔光緒朝奏摺》與《軍機處檔．月摺包》也有相關記載，光緒、宣統年間達賴喇嘛圓寂後，清廷亦由理藩院傳知章嘉活佛一同商議，共同籌辦後續處理的各種相關事宜。

乘願再來：章嘉活佛在清代的多次轉世

雍正皇帝曾稱許章嘉活佛：「是真再來人，實大善知識」，「再來人」的意思是指章嘉活佛在清代的轉世，即是佛法的奇蹟，也是一種特殊的政治文化現象。章嘉活佛在清代共有五次轉世，分別在康熙朝、乾隆朝、道光朝、咸豐朝，以及光緒朝，而且多半在青海地區重新轉世。

每當尋找出轉世活佛的時候，通常會由官員們將章嘉國師生前使用的念珠、鈴、杵等隨身法器物事，由章嘉活佛徒眾札薩克喇嘛等人親自將這些隨身法器等重要認證信物混雜陳列，排放在訪得的童子面前，讓他們觀看識別。看看靈童是否可以從中辨識出何項為身前所用的物品。若當尋訪到多位靈童，難以確認那一位才是章嘉活佛轉世的時候，清朝官方亦會使用「金瓶掣定」方式，讓轉世靈童們從金瓶中抽取掣籤，以便確定轉世之人。

類似的「金瓶掣定」事例並不少見，《道光朝宮中檔》、《軍機處檔・月摺包》、《清實錄》等清朝文獻中都有記載詳細。例如道光三十年前後，清廷便曾經一次訪得三位靈童。光緒二十年前後，清廷派出的官員們則是訪得兩位靈童。當時負責尋訪的多位官員們在一時難以確認下，於是依照慣例採取了「金瓶掣定」的方式，對於靈童進行最後的確認工作。

尋訪章嘉呼圖克圖轉世靈童的過程

道光三十年九月前後，哈勒吉那等人奏報在青海卓札巴地方一帶訪得章嘉活佛的轉世靈童。[14]但是《清實錄》的相關記載文字之中，僅有簡單摘要哈勒吉那等人的漢文奏報，並沒有尋訪經過的具體情形。

不過，在哈勒吉那奏報在卓札巴地方尋訪到章嘉活佛轉世靈童的滿文奏摺中，對於這次的尋訪之行就有較為詳細的過程說明。透過滿文奏摺的記載，我們可以得知自從道光二十六年章嘉活佛辭世，眾人便奉旨尋訪轉世靈童，包括了章嘉活佛的弟子扎薩克喇嘛爵木磋，以及吹布臧呼圖克圖等人也都在內，要隨同一起出訪。但是一直要到四年之後，道光三十年八月十三日，奉旨四處尋訪章嘉國師轉世靈童的一行人才來到了吹布臧寺，並在該寺廟東邊的氈屋中，尋訪到了一個才出生九個月的俊秀男孩子，而他也就是章嘉活佛的轉世靈童。[15]

尋得章嘉呼圖克圖轉世靈童後，後續的相關事務，清朝官方也有妥善辦理，以確保靈童安全。《宮中檔咸豐朝奏摺》中記載，清廷為求保護章嘉活佛的日常生活不受打擾，能夠平安居住，在咸豐元年十月三日，諭令哈勒吉那等人酌派官兵加以保護。[16]

其後，光緒年間章嘉活佛共有兩次轉世，這兩次尋訪章嘉活佛轉世靈童的過程也相當曲折。光緒年間，章嘉活佛首次轉世是在光緒七年十月份的前後，根據《軍機處檔．月摺包》記載，當時清廷曾經特別諭令要求依照往例成案，由相關官員們一同查證，驗明轉世活佛正身，以便確定判明轉世之事是否屬實。[17]

其後，光緒八年五月中旬至六月份前後，清廷又有相關旨意要求官員們查明確認轉世之事是否確實，轉世靈童究竟是何人之子嗣等等。[18]相關負責官員便向朝廷奏報，此次查訪中所尋獲轉世靈童的家庭出身、姓名、年紀等各方面的詳細情況。

光緒年間，章嘉活佛的第二次轉世，則是在光緒二十年五月的前後，由奎順等官員訪得轉世靈童。光緒二十年五月十九日，奎順特別向朝廷奏報，已經尋訪出章嘉呼圖克圖之轉世靈童，共有兩名童子。[19]稍晚，清朝官員們即將兩位童子送至北京雍和宮，將兩人姓名裝入金瓶中，再行抽籤掣定。最後，嘎拉穆楞親之子桑吉札布因為能夠認識前世章嘉呼圖克圖所用念珠、鈴、杵等隨身法器，又經瓶抽籤掣定，確認為章嘉活佛的轉世之人。

《清實錄》記載光緒帝對於訪得章嘉活佛轉世靈童一事，甚為喜悅。《清德宗景皇帝實錄》在光緒二十年十一月丁丑條項下寫道：「朕心甚屬快悅，章嘉呼圖克圖善通經卷，今祥靈呼畢

勒罕出世，其性未歿也」。光緒帝在這一段文字中，可以說充分表達出了他心中對於訪得章嘉活佛轉世，而且知道靈童善於通曉佛經的歡喜之情，並且認為是朝廷的「大喜事」一件。[20]

光緒皇帝一時歡喜，除了御賜章嘉活佛隨身常用念珠一串外，還特頒上諭指示將此事曉諭轉告各蒙古王公、西藏達喇嘛、班禪額爾德尼、章嘉活佛徒眾，北京城各寺廟駐錫的僧侶，以及章嘉活佛生前掌理寺廟轄下的喇嘛僧眾們。

最後一世章嘉活佛的轉世，是一件法喜殊聖的大喜事，同時也是一段特別的生命旅程。最後一世的章嘉經歷了烽火漫天的戰亂歲月，一直持續弘法宣教。在一九四九年前後，更隨著國民政府來到臺灣，並且在臺北駐錫多年，繼續宣揚藏傳佛教。由於身份特殊，章嘉活佛也持續協助政府處理蒙藏相關問題。而章嘉活佛後來在臺圓寂坐化，並且選擇不再轉世，於是漫長輪迴的宣教弘法，「再來人」的多次乘願再來的生命旅程，至此畫下了最後的句點。[21]

延伸閱讀：

1. 章嘉大師圓寂典禮委員會，《護國淨覺輔教大師章嘉呼圖克圖傳》，臺北：章嘉大師圓寂典禮委員會，1957。
2. 秦永章，《乾隆皇帝與章嘉國師》，西寧：上海人民出版社，2008。
3. 土觀．洛桑卻吉尼瑪著；陳慶英、馬運龍譯，《章嘉國師若必多吉傳》，北京：民族，1988。
4. 鄧建新，《章嘉呼圖克圖研究》，北京：宗教文化出版社，2010。
5. 張玉，《三世章嘉呼圖克圖圓寂前後史料選譯》，《歷史檔案》，1996。

嘉慶二十三年造辦六旬萬壽壽佛相關清目簡表

皇家宗室與內外文武大臣 造佛人員清目	壽佛造辦尊數	六旬萬壽檔所記 相關壽佛造辦數目
嘉慶皇帝	81	
皇后	27	
宗人府將軍侍衛章京官員	27	
宗人府造佛王公	2004	宗人府造佛共計2031尊
內文職造佛-三品官（共十五員）	120	
內文職造佛-四品官（共二十九員）	174	
內文職造佛-五品官（共十九員）	95	
內文職造佛-六品官（共十三員）	39	
內文職造佛	2425	內文職造佛共計2850尊（2583）
內武職	890	內武職造佛共計890尊
外省文職	7601	外省文職造佛共計7601尊
外省武職	1902	外省武職造佛共計1902尊
新疆大臣	335	新疆大臣造佛共335尊
	計15612尊	計15613尊
內廷	387	內廷交佛共387尊
	15999	共成16000尊
萬壽造佛按嘉慶十四年造佛銀兩數目核算	二十六萬三千二百三十六兩七錢七分一釐	萬壽造佛按嘉慶十四年造佛銀兩數目核算
遵旨造佛用銀	一千零二十八兩五分二釐	遵旨造佛用銀
六旬萬壽造佛共計花銀	二十六萬四千二百六十四兩八錢二分三釐	六旬萬壽造佛共計花銀

參考資料：《軍機處檔・六旬萬壽慶典檔》（現藏國立故宮博物院）；《六旬萬壽慶典檔・嘉慶二十四年》（現藏國立故宮博物院）

註釋

第二章

1 朝鮮太祖李成桂在高麗王朝末期，由於擊退倭寇與亂軍而在政治上嶄露頭角。武人出身的李成桂逐漸掌握權力，後來在一三九二年七月即王位，並向明朝派出使臣，請求明廷認可，確立國號。明太祖朱元璋即以「朝鮮」定為國號，並賜給金印與誥命文書，正式承認李成桂政權。李成桂此後即以「朝鮮國王」自稱，或以「權知高麗國事」作為對外稱號，正式建立朝鮮王朝。參見：田中俊明編，《朝鮮の歷史：先史から現代》（京都：昭和堂，2013），頁167-168。

2 所謂的「秘密法門」，詳細上來說這是一種結合瑜伽動作、宗教觀想、脈輪，也就是梵語、藏語中的cakra、khor lo，現在也有譯為「查克拉」的通俗文化譯名。

3 西方學者David M. Robinson曾在*Empire's Twilight*一書中有關於蒙元皇室與朝鮮王族之間通婚的

詳細討論，這些研究印證了朝鮮王族經由婚嫁進入蒙元宮廷，走入了元代政權的中樞，有興趣的朋友們也可以找來參考。參見：David M. Robinson, *Empire's Twilight: Northeast Asia under the Mongols*, Cambridge, Mass.: Harvard University Asia Center for the Harvard-Yenching Institute; Distributed by Harvard University Press, 2009.

4 相關記載參見：《明英宗實錄》，宣德十年三月初一日條。

5 明史學者陳學霖教授曾撰有專文討論過宣宗朝朝鮮選妃的始末，並討論到了明朝與朝鮮之間的政治情形。參見：陳學霖，〈宣宗朝鮮選妃與明鮮政治〉，收於《明代人物與史料》。

6 《明太宗實錄》卷六十四，永樂五年二月前後的相關記載：「克安南之日，其境內才德賢知之人及有一善可陳、一世可用者，廣為詢問，悉以禮遣送北京」。此外，同年五月十九日永樂皇帝又有勑令旨意指示起送匠人的相關細節事項：「交阯但有醫、巫、筮、樂、工行院，及香匠、磚匠諸色工匠技藝人等，盡數連家小起送赴京。有身材長大者，能使銃者，能修合銃藥者；善駕船，諳曉海道者，及諸色捕戶，連家小送來」。參見：李文鳳，《越嶠書》，卷二，〈書詔制敕〉。

7 史料文獻記載太監阮浪的概要生平如下，可以略窺永樂皇帝在其人生際遇上扮演了重要的角色使其讀書成材：「世家交趾，永樂中太宗皇帝因安南作亂遣將征之，眾悉歸附。時公甫十餘歲，特俊爽，被選入掖庭，太宗見而奇之，冀成其才，命讀書於內館」。《明史．宦官傳》記載：「英國公張輔以交童之美秀者還，選為奄，弘及王瑾、阮安、阮浪等與焉」。

8 越南北部一帶，古代地稱「交阯」，歷代文書記載中多半襲用此稱。後來直到嘉慶初年，阮福映在安南建立「阮朝」，特向清朝請封「南越國王」。幾經商議，嘉慶帝改以「越南國王」冊封阮氏，「越」字表示其「先世疆域」，「南」字表示其國藩封在「百越之南」，自此之後「越南」便一直沿用至今。參見：清・穆彰阿、潘錫恩等纂修，《嘉慶重修一統志》（臺北：臺灣商務印書館，據據上海涵芬樓景印清史館藏清道光二十二年進呈寫本景印，1966），卷553，《越南》，〈冊封阮福映為越南國王〉條。

9 著名史家香港中文大學的陳學霖先生便曾經撰文討論洪武、永樂兩朝的朝鮮籍宦官，以及針對安南籍宦官撰寫相關史事考述專文。參見：陳學霖，〈明代安南籍宦官史事考述：金英、興安〉收於氏著《明代人物與史料》，香港：中文大學出版社，2001。

10 針對阮安的供獻，以及交阯宮人在明代宮廷中的重要地位，張秀民認為：「明自永樂、宣德以後，宦官權重。當時宦官除本國人外，又多朝鮮人與交阯人，而交阯派尤有勢力。凡保抱皇子、四夷征討，提舉市舶等，均有交阯太監之參與。其甚者更受免死詔，賜宮女，賞賚巨萬，恩寵為內臣冠。安（阮安）之同鄉同類，在宮廷中既具此種絕大勢力，則安（阮安）受永樂、正統之寵眷，亦無足奇也」。參見：張秀民，《中越關係史論文集》，臺北：文史哲出版社，1992。

第三章

1 參見：張居正，《張太岳集》，卷三六，〈請皇太子出閣講學疏〉。

2 參見：張居正，《張太岳集》，〈進《帝鑑圖說》疏〉，卷三八，頁478-479。

3 根據史料文獻記載，當時萬曆皇帝對於張居正的提問，作了詳細的覆。萬曆帝如此回答：「然宮中婦女只好粧飾，朕於歲時賜賞，每每節省，宮人皆以為言，朕云：『今庫中所積為何？』」。參見：《明神宗實錄》，卷十八，萬曆元年十月乙卯條，頁520。

4 乾隆皇帝更在〈御製宗室訓〉中提及子弟們應當遵守的學習要旨，以及生活常規分際：「若問予立身之要。曰：『孝悌忠信禮義廉恥』。若問予應為之事。曰：『國語騎射讀書守分』。若問予不應為之事。則一二不肖子弟自知」。

5 《大清會典事例》，〈宗人府〉，卷九，〈職制三．禁令〉，頁134a-135a。

6 參見：《大清會典事例》，〈吏部二〉，卷一一一，〈處分例．朝會祭祀〉，頁429b-430a；《史語所藏明清內閣大庫檔案》，文獻編號：193035-001，嘉慶十一年十一月，吏部為尚書房師傅專課章程由）。

7 參見：《史語所藏明清內閣大庫檔案》，文獻編號：230644-001，嘉慶十二年十月十八日，禮部為奉上諭事。

第四章

1 該件檔案中記載如下：「……自上年夏秋至今屢被賊匪往來蹂躪，鄉村市集居民聽聞賊氛將近，多即驚駭奔逃。因有無賴棍徒揣知鄉愚，易於恫喝，即聲言賊眾已到。乘民敬怖閉門避之時，糾黨肆行，搶取留存什物……。該犯等糾約同黨假稱往大營，當夫尾隨賊後，經過地方假裝白蓮教嚇散鄉民，乘機搶取衣物……」。參見：國立故宮博物院藏，《嘉慶朝宮中檔奏摺》，文件影像編號：001984，嘉慶二年二月十一日，奏為嚴辦假裝教匪乘危搶掠之亂民。

2 「護軍」，滿文寫為「bayara」，初名「巴牙喇」，即護衛親兵之意。順治年間定為「護軍營」，是清代負責守衛宮門與扈從的武職官員。參見：安雙成等編，《漢滿大辭典》，頁402。羽田亨，《滿和辭典》，頁37。

3 參見：清．盛大士，《靖逆記》，卷首，頁1a；《中央研究院歷史語言研究所藏明清內閣大庫檔案》，文獻編號：182253-001，嘉慶十年六月，吏部為審訊投遞匿名揭帖之皂保事；國立故宮博物院，《宮中檔乾隆朝奏摺》，第七二輯，頁124，乾隆五十四年閏五月一日，湖廣總督畢沅奏為拏獲邪教姚應彩餘黨現在窮追嚴究具奏事。國立故宮博物院，《宮中檔乾隆朝奏摺》，第三七輯，頁253，乾隆三十九年十月十五日，河南總督何煟奏聞欽奉諭旨嚴飭南汝道兩府嚴緝

王倫逆黨及實係邪教人犯情形並恭繳硃批事。國立故宮博物院藏，《宮中檔嘉慶朝奏摺》（複製本）第31輯，頁540，文獻編號：404018398，嘉慶二十年四月十七日，河南巡撫方受疇奏報遵旨分別查辦河南信陽州邪教情形事。國立故宮博物院藏，《軍機處檔．月摺包》，文獻編號：049586，嘉慶二十一年十月三十日，山東巡撫陳預奏為接奉諭旨辦理緝捕東省傳習邪教緣由事。

4 檔案文獻的原文記載如下：「嘉慶四年十二月十三日奉上諭，嗣後京城內外官管廟宇，如外省赴京引見及候補候選人員原可任其租住，不必官為禁止，俾僧道等亦得香火之資。惟外來游方僧道，及面生可疑，來歷不明之人，必當實力稽查，斷不准容留，致令潛匿。仍於年終彙奏一次，不可虛應故事，有名無實……」。參見：國立故宮博物院藏，《嘉慶朝外紀檔》，嘉慶二十三年十二月冊，嘉慶二十三年十二月十九日，頁360-362。

5 國立故宮博物院藏，《嘉慶朝外紀檔》，嘉慶二十三年十二月冊，嘉慶二十三年十二月十九日，頁360-362。

6 檔案中記載：「……西四牌樓九天廟內有居住之山東挑水民人刁珍等十四人鎖門潛逃後，經看街官兵查出殿後有浮土一處，當即刨出屍身，認係刁珍夥計林聰，請將道人張二、道士周端佩，並住廟之張廣林等二十五人俱交刑部審辦等語。此案張二等將廟宇閒房賃住刁珍等十四人之眾，此外同住廟中者復有張廣林等二十五人，似此任意租給多人，安保無盜賊匪徒，潛蹤其內……」。參見：國立故宮博物院藏，《嘉慶朝上諭檔・嘉慶六年四月夏季檔》，文獻編號：601001025，嘉慶六年四月十一日，頁00087-00089。

第五章

1 該件奏摺的內文如下：「事據總兼番役頭目高鐸，訪得朝陽門外王家園地方民婦王周氏，供奉狐仙治病，見其躺臥指托過陰屬實。並給有符咒，詢係尼僧夏慶所給，當即會同朝陽汎把總蘇鑑東城坊役申明等將王周氏夏慶拏獲符咒木戳一塊，連王周氏之夫王大一併解送來。奴才等詳加訊據王周氏供我係大興縣回民周大之女，年四十九歲。我娘家在馬駒橋居住。我十五歲時，得了瘋病，夢中一婦人年約六十歲，身穿藍紬衫斜披紅袖自稱：「胡姑姑」，說給我治好病。叫我指他的名給人治病。我應許是年，我父母將我嫁給回民于六為妻。胡姑姑教我過陰，治幼孩食積奶積，用針扎手指即愈。我畫了胡姑姑像供奉。瞧病回來燒香上供，遇有難治病的病症，我燒了香，胡姑姑就來。我將病勢告知他。說治得，我應許給治；說治不得，我回覆不治。治好了病，也有來我家燒香上供的也有。謝給我銀錢衣物的。胡姑姑每逢來時，先刮一陣紅風。初一、十五日，我用燒酒、雞蛋上供胡姑姑。將雞蛋、燒酒俱吃喝些去。我二十歲後曾過陰到馬駒橋天齊廟做針線衣服桌圍等物。近來不去有七八年了。嘉慶六年跟我男人于六來京在朝陽門外居住。我男人扛糧，我給人看病過度。八年間于六病故，我改嫁王大為為妻。去年九月，我瞧病數日未回。王大疑我逃走，將我供的胡姑姑像燒毀。我回家知道也沒有另供胡姑姑像。今年六月有人請我去瞧瘋病，我燒了香問胡姑姑，說治不得，各自打了幾個嘴巴回家。我赴街坊尼僧夏慶家內閒走。見他供桌上放有黃紙印的符咒。我向他查問作什麼用的，夏慶說患瘋病的將符咒燒灰用水吞下即好。我隨給了夏慶香錢數文，向他求了符咒一張，拏獲的我並無別的邪術是實等語……。」參見：國立故宮博物院藏，《軍機處檔．月摺包》，編號：52030。嘉慶二十二年六月二十四日，步軍統領英和等奏摺錄副。

2 該件奏摺中寫道：「……事據直隸省樂亭縣民李芳首告教罪郎文峰之子郎得幅家收藏邪教狐尾等情。奴才等詳加訊問，據李芳供我係直隸永年府樂亭縣人年四十五歲，在本縣新立莊居住賣字畫、占卜為生。本年六月二十六日，我到灤縣石佛口地方聞得邪教王度、王殿魁等業已正法。有教匪頭目已故郎文峰之弟郎文玉現已治罪。郎文峰之子郎得幅現在家中，並未究審。我在石佛口店內住著，探聽詳訪。有灤縣衛役王應之、本地民人溫聖恩皆與郎文峰相好。是有二十九日，我叫溫聖恩帶到郎得幅家，照看郎得幅沒有在家。說上灤縣去了，並未見面。我听得王應之、溫聖恩，向我說已故郎文峰是清靜無為邪教頭目，他家有狐尾一根。將狐尾搖動，眾教匪俱听他號令。現在仍在郎得幅家。是郎得幅的母親收藏。並不在已正法的王度家，我听了這話，恐怕前〔？〕這狐尾，郎得幅將來滋事，所以來京赴案首告的等語。查李芳所控石佛口王度、郎文玉等傳習清靜無為邪教業已正法。尚有已故教首之子郎得幅並未治罪，該犯家中現在收藏邪教孤尾等情。參見：國立故宮博物院藏，《軍機處檔·月摺包》，（國立故宮博物院所藏），嘉慶朝（無年份登載），閏六月二十日，英和等奏摺。

第六章

1 《中研院史語所藏明清內閣大庫檔案》關於這起事件的記載中寫道：「本堂皂役周亮，因傳抄緊急，行走慌張，將原領出入禁門腰牌遺失。連尋數日，並無蹤影。本堂復加詢問，委係遺失。除將該皂役重責示懲外，相應移付典籍廳查照辦理」。參見：《中研院史語所藏明清內閣大庫檔案》，文獻編號：158673-001，乾隆四十五年三月初九日，漢本堂為皂役遺失禁門腰牌事。

2 參見：《刑案匯覽》內所載〈交結近侍官員．緣坐逆犯充當太監夤緣滋弊〉一案。

3 參見：國立故宮博物院藏，《道光朝宮中檔》，文獻編號：405011120，道光二年十二月十八日。

4 參見：《刑案匯覽（三編）》，〈盜內府財物．偷竊乘輿服物供器等件〉。

5 「蘇拉」即滿語中的「sula」，意思是無業閒散之人，特別指的是沒有官職的旗人。十七世紀末期開始，蘇拉也用來指稱一些領有微薄薪俸的職位，多半在宮廷與官署中擔任各種雜役。「苑戶」負負看守維護皇家園苑，以及處理各種相關瑣務雜役。參見：羽田亨，《滿和辭典》，頁387、469。

6 參見：《刑案匯覽》，〈禮部皂隸之子偷祀祭司稿件〉。

7 參見：《刑案匯覽（三編）》，第一冊，〈工匠偷竊養心殿天溝內舊錫〉，頁450-451。國立故宮博物院藏，《嘉慶朝上諭檔．六年六月夏季檔》，亦有相關記載。

8 參見：《史語所藏明清內閣大庫檔案》，文獻編號：243490-001。

9 關於清代政治中的「權力的毛細管作用」現象，有興趣的朋友可以參考王汎森院士的研究專著《權力的毛細管作用：清代的思想、學術與心態》的討論。特別可以參看第七章〈從曾靜案看十八世紀前期的社會心態〉，以及第八章〈權力的毛細管作用——清代文獻中的自我壓抑現象〉。

10 該條記載詳細內容如下：「景運門大臣奏送：已退護軍松義善因伊母患病，乏錢醫治，輒敢擅入紫禁城門，找伊族侄札清阿借貸，已屬違禁。嗣因未遇轉回，復希圖近便，欲由隆宗門行走，經富太等攔阻，該犯膽敢不服，向其喧嚷。雖訊明該犯甫上臺階，尚未走至門限（按：係指宮禁相關規定，即以宮門為界限），惟既擅入禁地吵嚷，自應從重定擬。松義善應照擅入紫禁城杖一百律，加枷號一個月……」。參見：《刑案匯覽》，〈宮殿門擅入．擅入禁門被阻喧嚷〉。

11 「侍講」，明清兩代的官職之一，品級為從四品，任職在翰林院中，負責處理奏章文書，勘對公文，以及文史編修等工作。

12 參見：《刑案匯覽》，冊一，〈赴考試差宮門未啟輒行喧嚷〉。

13 參見：《刑案匯覽》，冊一，〈赴考試差宮門未啟輒行喧嚷〉。

14 檔案文獻的記錄如下：「臣恭讀上諭，衣冠不可輕言改易。聖訓煌煌，可以垂法為萬世。第思冠服所以章身，亦取其便體，近見舖戶冠制，喜傳新樣。如冬帽皮簷，前數年高止二寸，近有高至五、六寸者，隨時屢變，雖士大夫家，亦樂競尚時趨。京師為首善之地，新樣流傳，轉相慕效，而小民厭常喜新，恐開服式不衷之漸。一冠之為費甚微，然靡耗物力即易，啟奢之端。再者三品以上官，許得穿用貂服。臣竊見京員五品、外官四品，俱亦僭用貂裘；胥吏、商賈人等俱穿細皮貢緞；僕隸、長隨亦反穿染黑川鼠皮衣，混擬貂色；伶優亦帶貂帽，鮮衣垂馬，坐後攩車，其弊恐至于上下等威，混淆莫辨。際茲國家豐亨豫大之時，正宜各敦節儉，以厚風俗，長保盈寧，豈可任其靡費無節，冒濫冠裳……」。參見：國立故宮博物院藏，《軍機處檔・月摺包》，文件影像編號：18903，乾隆三十七年十二月初十二日。

第七章

1 清朝皇帝對於官員所奏事件不能獨斷時，便召見軍機大臣面議，或交付審議。這些經過軍機大臣辦理的奏摺，均抄錄有副本，並妥為保存，稱為「軍機處奏摺錄副」。因為這些奏摺檔案原是按月捆紮成包，故又稱為「月摺包」。「月摺包」內除保存有奏摺錄副外，另有原摺的各種附件，例如：雨水糧價清單、各地收成清單、地圖、河工圖、供單、咨呈、咨會、諭旨、揭帖、照會等等各類清代官方文書。相關說明可參見：秦國經，《明清檔案學》，北京：學苑出版社，2005。

2 「午門」在滿語中對譯為：「julergi dulimbai duka」，「julergi」意指為「南方的」與「前方的」，「dulimbai」意指為「中間的」，「duka」則是指宮門。透過滿語詞彙，我們便能知曉「午門」即位於南方的中間宮門之意，呈現出了很具體的空間方位的感受，而這一起養育兵混入紫禁城內的離奇案件便發生在午門之內。參見：羽田亨，《滿和辭典》。安雙成等編著，《漢滿大辭典》。

3 檔案中記載所提及的的「養育兵」，滿語寫作：「hūwašabure cooha」，其中「hūwašabure」一詞由滿語中「使其有所成就」、「使其成育」的動詞「hūwašabumbi」而來。因此，「養育兵」係指養育無職的年輕人，並且免去其賦役雜差，支給一定薪餉，使其接受軍事訓練養成的一種兵丁成員。參見：羽田亨，《滿和辭典》，頁222。安雙成等編著，《漢滿大辭典》，頁1226。

4 《清實錄》是清代歷朝的官修編年體史料彙編，共四千四百八十四卷，內容上主要是選錄各時期上諭和奏疏，舉凡皇帝的起居、祭祀，巡幸等活動亦多載入。各朝實錄記事主要包括了政治、經濟、文化、軍事、外交及自然現象等眾多方面的內容。按照清朝的典章制度，每當新皇帝繼位，即詔修前朝實錄，開設實錄館，由欽派大臣任監修、總裁官、翰林院官員充任纂修。史官們根據起居注，以及內閣、軍機處所存上諭、臣工本章等原始檔案編纂前朝實錄，書成閉館。參見：馮爾康，《清史史料學》，臺北：臺灣商務印書館，1993。

5 參見：國立故宮博物院藏，《軍機處檔．月摺包》，文獻編號：110745，同治十二年七月十六日，奏為養育兵連喜午門自行抹傷請究辦。

6 參見：《中研院史語所藏明清內閣大庫檔案》，文獻編號：217275-001，乾隆三十年九月，兵部為護軍動刀殺人接班之章京交議由。

7 相關文獻記載：「景山值班大臣諮送：『護軍倭克精額素有氣逆心迷病症，在西安門內景山圍牆以外值班，因同班護軍舒明哲嗔伊造飯不好，出言斥責，氣忿病發，自行抹傷。按平時在該處犯事照常例止杖八十，惟現在景山系切近觀德殿，較常尤為應嚴，應酌照違制律，杖一百』」。參見：《刑案匯覽（三編）》〈宮內忿爭．西安門內因病自行刃傷〉。

8 參見：羽田亨，《滿和辭典》，頁448。

9 相關檔案文獻原始內容如下：「護軍烏勒希春在紫禁城內箭亭該班。該犯輒因買物之便在外沽飲，回至該班處所恃醉嚷罵。復因同班護軍往稟該管參領，輒敢砸碎茶碗，自行劃傷，冀圖誣賴。應比照當差人役在紫禁城內金刃自傷擬流例，量減一等，杖一百，徒三年。惟在禁地該班處所倚醉嚷鬧，未便折枷，致滋輕縱。應從重發駐防當差。奉旨：著枷號一個月，滿日發青州駐防當差。欽此」。參見：《刑案匯覽（三編）》，冊二，〈宮內忿爭．箭亭護軍故自傷殘圖賴〉。

10 相關檔案文獻原始內容如下：「景運門值班大臣奏德楞額扳折長槍一案。查已革前鋒德楞額先因誤差曠班，被本管委侍衛達隆阿褫革報逃，嗣因貧苦無聊，適於神武門外見一人在前行走，誤認系達隆阿。該犯觸起前嫌，欲向不依，因其走進屋內，未經追及，輒將神武門外長槍扳折，欲向圖賴。查神武門系禁門重地，警衛綦嚴，該犯膽敢扳折安設長槍，若僅照尋常扳毀槍架之案比例擬流，殊不足以昭炯戒。德楞額應于拆毀申明亭中板榜擬流律，加重發近邊充軍，業已銷除旗檔，應照民人發配，折責安置。扳折長槍已據該大臣咨送武備院修理，亦毋庸議」。參見：《刑案匯覽（三編）》，第三冊，〈旗人挾嫌扳折禁門長槍圖賴〉。

11 參見：羽田亨，《滿和辭典》，頁165。安雙成等編著，《漢滿大辭典》，頁104。

12 原始的記載內文如下：「步甲廣福在西華門內造辦處該班，係屬禁城重地，用瓷片將薩淩阿毆傷。應照紫禁城內各處當差人等他物毆人者，杖一百，流三千里，枷號三個月。係旗人，流罪折枷，共枷號五個月。薩淩阿照不應重律，杖八十，加枷號一個月。參見：《刑案匯覽（三編）》〈造辦處步甲用磁片傷人〉。

13 參見：《刑案匯覽》，冊二，〈宮內忿爭・昭德門護軍互毆〉，頁1378-1379。

14 所謂的「緯帽」，滿語對譯寫為：「subeliyen sorson i mahala」，也就是使用紅絲線製作帽纓的冬季煖帽。參見：羽田亨，《滿和辭典》，頁383。安雙成等編著，《漢滿大辭典》，頁1082。

15 該則案件在《刑案匯覽》中的詳細記載如下：「侍衛達靈阿奉派充當西南門管門差使，輒于不應進內之時，不服攔阻，倚醉吵罵，將副參領揪扭撕破衣服，尚未成傷。應將達靈阿比照在圓明園大宮門等門以外手足傷人例，杖一百，徒三年。從重發往伊犁當差。仍先行枷號，滿日發配……」。相關文獻出處參見：《刑案匯覽（三編）》，冊二，〈宮內忿爭・西南門侍衛揪毆副參領〉。

16 相關文獻出處參見：《中研院史語所藏明清內閣大庫檔案》，文獻編號：224446-001，道光二年四月二十九日，廂藍旗護軍統領處為咨覆事）。

第八章

1 國立故宮博物院藏，《軍機處檔・月摺包》，文獻編號：021474，乾隆四十三年十月二十五

日，浙江巡撫王亶望特參本箱失水僉差不慎之建德令伍光紘請交部嚴加議處由。

2 中央研究院歷史語言研究所藏，《史語所藏明清內閣大庫檔案》，文獻編號：025377-001，乾隆三十二年三月，奏報司員遲誤本箱事件請交部查議事。

3 國立故宮博物院藏，《軍機處檔．月摺包》，文獻編號：145566，光緒二十七年十月二十八日，增祺等奏為賫送本箱遭兵變遺失無存恭摺仰祈聖鑒事。

4 中央研究院歷史語言研究所藏，《史語所藏明清內閣大庫檔案》，文獻編號：154569-001，道光十八年四月初三日，兵部為查明接遞本章遲誤事。

5 中央研究院歷史語言研究所藏，《史語所藏明清內閣大庫檔案》，文獻編號：215221-001，嘉慶五年一月，戶部為各處馹站軍報能尅期遞到咨部議敘由。

6 嘉慶皇帝對此事特有旨意：「昨額勒登保拿獲首逆王廷登，文報適值大雪優沾，路途濘滑，亦能迅速接遞，毫無遲逾，所有沿途馳送軍報之馹站員弁，及捷報處章京等查明咨部，照例議敘，其馬夫人等均著酌量給賞……」。參見：中央研究院歷史語言研究所藏，《史語所藏明清內閣大庫檔案》，文獻編號：215221-001，嘉慶五年一月，戶部為各處馹站軍報能尅期遞到咨部議敘由。

7 中央研究院歷史語言研究所藏，《史語所藏明清內閣大庫檔案》，文獻編號：094588-001，乾隆五十四年五月，移會稽察房湖南巡撫浦霖奏參署長沙縣事湘潭縣丞張士璟。中央研究院歷

史語言研究所藏，《史語所藏明清內閣大庫檔案》，文獻編號：101719-001，乾隆五十四年五月，移會稽察房湖南巡撫浦霖奏參署長沙縣事湘潭縣縣丞張士璟毫無覺察跌損奏摺一匣事。中央研究院歷史語言研究所藏，《史語所藏明清內閣大庫檔案》，文獻編號：094581-001，乾隆五十四年七月，移會稽察房湖南巡撫浦霖奏署長沙縣事張士璟接遞奏摺中途跌損報匣遲誤一案內馬夫戴大等遞送軍情機密文書稽延事。

8 中央研究院歷史語言研究所藏，《史語所藏明清內閣大庫檔案》，文獻編號：090717-001，乾隆五十年三月，刑部為湖南巡撫奏楊宗明一案。

9 中央研究院歷史語言研究所藏，《史語所藏明清內閣大庫檔案》，文獻編號：100593-001，乾隆十八年十月十二日，移會稽察房四川提塘韓琯雖無改換本箱情弊但明知承差齎帶紬布代為隱瞞事。

10 中央研究院歷史語言研究所藏，《史語所藏明清內閣大庫檔案》，文獻編號：063799-001，乾隆三十年六月二十一日，題覆兩廣總督蘇昌奏匣提督本箱舛錯傳牌事。

第九章

1 朝鮮使節團在出使清朝的時候，曾在燕行錄文獻中寫道：「御醫金宗友買筒蛇而來，試開筒

口，蛇即搖頭振身，蜿延迸出於席上。乃黑角造成，而其巧如此。問：『何用買此？』。對曰：『將以驚小兒病瘧』。來時瀋店中見壁上大蜘蛛懸空自舞，亦造成也」。參見：夫馬進、林基中編，《燕行錄全集．日本所藏編》（首爾：東國大學校韓國文學研究所，據日本天理大學藏本影印，2001），冊一，頁387。

2 參見：中國第一歷史檔案館，《內務府奏銷檔》，乾隆二十六年十二月二十日，冊二五九，微捲頁數134-137，太監劉進玉承辦荷包等項差務從中漁利事。

3 參見：中國第一歷史檔案館，《軍機處檔全宗．錄副奏摺》，檔號：03-1415-011；03-1415-012，乾隆三十九年十一月十七日。

4 參見：中國第一歷史檔案館，《軍機處檔全宗．錄副奏摺》，檔號：04-01-14-0052-073，嘉慶十六年閏三月初一日。

5 參見：中國第一歷史檔案館，《軍機處檔全宗．錄副奏摺》，檔號：03-1354-043，乾隆三十九年八月初八日；中國第一歷史檔案館，《軍機處檔全宗．錄副奏摺》，檔號：03-1261-006，乾隆四十一年四月初九日。

6 參見：中國第一歷史檔案館，《軍機處檔全宗．錄副奏摺》，檔號：03-4064-027，道光二十年三月初五日；中國第一歷史檔案館，《軍機處檔全宗．錄副奏摺》，檔號：03-4066-017，道光二十年八月十八日；中國第一歷史檔案館，《軍機處檔全宗．錄副奏摺》，檔號：03-4591-

026。

7 參見：《中研院史語所藏明清內閣大庫檔案》，文獻編號：134900-001，道光十六年十月七日，刑部為太監囑託公事由。

8 參見：《中研院史語所藏明清內閣大庫檔案》，文獻編號：183323-001，道光十四年十二月十日，刑部為盤獲逃走太監王喜壽事。

9 參見：國立故宮博物院，《咸豐朝宮中檔奏摺》，咸豐十年十一月二十二日，奏報審擬太監偷竊錢票並夥同賭博案情形。

10 參見：中國第一歷史檔案館，《宮中檔全宗》，檔號：04-01-30-0368-023，雍正元年正月二十九日；中國第一歷史檔案館，《宮中檔全宗》，檔號：04-01-01-0668-028，道光四年十月二十一日；中國第一歷史檔案館，《宮中檔全宗》，檔號：03-4031-036，道光五年五月初一日；中國第一歷史檔案館，《宮中檔全宗》，檔號：03-4031-002，道光五年五月初一日。

第十章

1 參見：《中研院史語所藏明清內閣大庫檔案》，文獻編號：199562-001，嘉慶八年閏二月，兵部為玉瀾堂閑人行走著申飭事。

2 參見：《中研院史語所藏明清內閣大庫檔案》，文獻編號：199562-001，嘉慶八年閏二月，兵部為玉瀾堂閑人行走著申飭事。

3 參見：國立故宮博物院藏，《康熙朝宮中檔滿文奏摺》，文獻編號：411000051，康熙五十七年八月三日，膳房首領太監傳旨查明將麵帶往何處。

4 中國第一歷史檔案編，《康熙朝滿文硃批奏摺全譯》（北京：中國社會科學出版社，1996），康熙朝無年月摺件，步軍統領隆科多奏請暢春園園戶盜竊太監值房送交刑部擬罪摺，頁1589。

5 參見：《中研院史語所藏明清內閣大庫檔案》，文獻編號：196995-001，嘉慶十年二月，兵部為周套兒行竊暢春園立斬事。

6 參見：《中研院史語所藏明清內閣大庫檔案》，文獻編號：173896-001，嘉慶十五年六月十二日，戶部為奉上諭事。

7 參見：《刑案匯覽（三編）》，冊一，〈交結近侍官員．逆犯充當太監夤緣滋弊〉。

8 參見：《中研院史語所藏明清內閣大庫檔案》，文獻編號：221130-001，乾隆二十七年十二月，兵部為民人私入紫禁城內賣酒等由。

9 參見：《中研院史語所藏明清內閣大庫檔案》，文獻編號：184742-001，刑部為民人擅入禁門事，道光十二年十二月二十日；《中研院史語所藏明清內閣大庫檔案》，文獻編號：133617-001，兵部為遵旨查辦事，道光十二年十二月；《中研院史語所藏明清內閣大庫檔案》，文獻編

號：213993-001，兵部為私令民人擅入東華門由，道光十二年十二月。

10 參見：《中研院史語所藏明清內閣大庫檔案》，文獻編號：217187-001，道光十九年九月三十日，刑部為民人擅入紫禁城購買破碎木柴因故鬥毆審辦事。中國第一歷史檔案館，《軍機處全宗》，文獻編號：03-2687-007，總管內務府大臣奕紀奏為失察民人馬二格等擅入西華門請將值班主事文霖等罰俸六個月事，嘉慶十九年十月初五日。

11 此段文獻中所提及的「薩瑪」（滿語寫作：saman，巫者，祝神人之意），即滿族信仰的薩滿教，滿族凡祭祀祈禳必跳神，名曰：「薩瑪」。參見：萬福麟修，張伯英纂，《黑龍江志稿》（臺北：文海書局，1965）卷六，〈風俗〉，頁657-658。

12 此節提及的相關檔案文獻可以參見：中國第一歷史檔案館，《宮中檔全宗》，文獻編號：04-01-30-0038-028，稽察內務府事務監察御史傅參奏為西華門等處章京護軍校放民人王德義進內市賣事；中國第一歷史檔案館，《軍機處全宗》，文獻編號：03-3771-008，奕紀奏為遵旨查辦章京富呢雅杭阿等私放民人王亮入東華門請交部審辦事，道光十二年十二月初八日；中國第一歷史檔案館，《軍機處全宗》，文獻編號：03-3796-038，大學士王鼎奏遵旨審擬東華門外開飯舖之宋賢勤擅入禁城一案事，道光十八年十一月二十五日；中國第一歷史檔案館，《軍機處全宗》，文獻編號：03-4048-046，戶部尚書王鼎奏為審擬民人王亮私入東華門並企圖行竊一案事，道光十二年十二月初五日；《中研院史語所藏明清內閣大庫檔案》，文獻編號：159563-

001，兵部為看守禁門官兵稽察不嚴事。

13 參見：張榮選編，《養心殿造辦處史料輯覽》，第二輯．乾隆朝，北京：故宮出版社，2012。

14 參見：張榮選編，《養心殿造辦處史料輯覽》，第二輯．乾隆朝，北京：故宮出版社，2012。

15 參見：日．羽田亨，《滿和辭典》，頁121。山田恒雄，《滿州語文語辭典》，頁255。安雙成等編著，《漢滿大辭典》，頁379。

16 參見：日．羽田亨，《滿和辭典》，頁121。

17 參見：《內務府奏銷檔》，乾隆二十六年十二月二十日，冊259，微捲頁數134-137。

18 參見：日．羽田亨，《滿和辭典》，頁72、418。日．山田恒雄，《滿州語文語辭典》，頁149、802-803。

19 可以參見：國立故宮博物院藏，《宮中檔咸豐朝奏摺》，文獻編號：406003878，總管內務府大臣裕誠奏聞奴才等遵旨會議具奏申嚴禁城門禁之章程緣由。

20 參見：《刑案匯覽（三編）》，第一冊，〈禮部皂隸之子偷祀祭司稿件〉。

第十一章

1 清代昭槤《嘯亭雜錄》卷一〈不用內監〉條下記載：「自世祖時，般鑒前代宦官之禍，乃立鐵牌於交泰殿，以示內官，不許干預政事。純皇待之尤嚴，稍有不法，必加韃楚。又命內務府大臣監攝其事，以法周官冢宰之制。凡有預奏事者，必改易其姓為王，以其姓眾多，人難分辨，其用心周詳也若此。有內監高雲從素與于相交善，稍泄機務，上聞之大怒，將高立置磔刑，其嚴明也如此……」。參見：清．昭槤，《嘯亭雜錄》，臺北：新興書局，1979。

2 參見：國立故宮博物院藏，《軍機處檔．月摺包》，文獻編號：052713，嘉慶二十二年八月二十一日，審明擅寄書信之內左門太監王幅受由。國立故宮博物院藏，《軍機處檔．月摺包》，文獻編號：052712，嘉慶朝無年月摺件，太監王幅受寄天津縣信一封其餘三封辭意與此相同。國立故宮博物院藏，《軍機處檔．月摺包》，文獻編號：052711，嘉慶朝無年月摺件，太監王幅受之母寄王幅受家信。

3 根據《刑案匯覽》〈交結近侍官員．緣坐逆犯充當太監夤緣滋弊〉條下便詳細記載此案的詳細始末。文獻中記載：「林表、林顯以逆犯子嗣閹割充當內監。林表于伊戚劉碧玉托辦噶瑪蘭業戶一事，雖未應允，惟容留外省奸徒在福園門外花洞住宿，私相饋送，致將大內繕單、戲單被其攜回臺灣，情同洩漏。林顯又信懇鹽政織造資助伊弟林媽定盤費，往來原籍，以致劉碧玉等豔羨聲勢，來京請托。林媽定本系逆犯林達之子，林達犯案後始將該犯繼與堂弟林琴為嗣，漏網未經緣坐。茲復來京娶妻盧氏，欲為林達立後。並將劉碧玉所與噶瑪蘭田簿交林寅登探聽，設法打點。並將繕單、戲單令劉碧玉帶至臺灣，種種狂悖。林表、林顯、林媽定均應比照與內

官互相交結，洩漏事情，夤緣作弊律，俱擬斬監候。林表應請旨即行正法，以昭炯戒；林顯、林媽定歸入朝審情實辦理。林寅登以現任二等侍衛，與林媽定往還，並將噶瑪蘭田簿交伊設法辦理，並不即時送官究辦，轉將田簿攜回。林寅登應于林媽定斬罪上減一等，擬流。郎中吳春貴代林媽定稍帶家信，尚無不合，其與太監林表往來，寫信借馬，應照違制律杖一百，業經革職，應毋庸議。慶琛在圓明園當差有年，與林顯熟識，曾給紗料一件，未經收受。三等侍衛關敏前赴揚州時，林顯托帶信物，並未攜交，均無不合，應毋庸議。徐綜觀、王定棟訊無代劉碧玉營謀情事，其帶寄書信尚無不合，應免置議……」。參見：《刑案匯覽（三編）》，冊一，〈交結近侍官員．緣坐逆犯充當太監夤緣滋弊〉。

4 參見：國立故宮博物院藏，《嘉慶朝宮中檔奏摺》，文獻編號：404019327，嘉慶二十年七月十五日，奏覆與太監林顯相互餽送物品與銀兩之經過並自請交部治罪及罰銀事。國立故宮博物院藏，《嘉慶朝宮中檔奏摺》，文獻編號：404019594，嘉慶二十年八月十七日，奏謝因太監林顯案蒙恩寬厚將奴才降為內務府郎中頂戴。

5 嘉慶帝的對於此案審理議處的相關旨意內容如下：「嘉慶二十年七月十六日奉旨：此案林表、林顯、林媽定均系臺灣逆匪林達之子，例應緣坐。林表、林顯因年未及歲，解京閹割充當內監，本屬免死之犯，理宜安靜守法。乃喚令伊弟林媽定來京，又擅留伊戚劉碧玉在花洞居住，將大內繕單、戲單聽其攜至臺灣，借勢招搖。林媽定漏網，倖免緣坐。林表等輒為娶妻，冀圖生子延後。林媽定複將劉碧玉留給噶瑪蘭田簿托人打點。種種不法，林表、林顯、林媽定均著照律斬監候，歸入本年朝審情實辦理。已革侍衛林寅登身系職官，與林表等往還，並將林媽定所交噶瑪蘭田簿攜回寓所，不行送官究辦，僅擬杖流，尚覺輕縱，林寅登著改發伊犁，俟劉碧玉等解到質訊，再行發遣。已故織造和明之子內務府員外郎慶琛曾給林顯紗料，候補主事普琳于林媽定過蘇州時付給銀三十兩，均屬不合。慶琛著降為主事，普琳著降為筆帖式……」。參見：《刑案匯覽（三編）》，冊一，〈交結近侍官員．緣坐逆犯充當太監夤緣滋弊〉。

6 國立故宮博物院典藏《嘉慶朝宮中檔奏摺》中甚至保存有澄心堂太監林表的口供供單一份。參見：國立故宮博物院藏，《嘉慶朝宮中檔奏摺》，文獻編號：404019459，無年月摺件，澄心堂太監林表供單（口供單）。

7 國立故宮博物院藏，《軍機處檔．月摺包》，文獻編號：008046，乾隆十七年三月九日，咨覆為太監馬陞盜取香供松石珊瑚等件一案緝獲其家屬起出數珠送繳情形。

8 國立故宮博物院藏，《軍機處檔．月摺包》，文獻編號：008450，乾隆十七年五月二十二日，奏報盤獲太監程貴事（附件：太監程貴供單）。

9 國立故宮博物院藏，《軍機處檔．月摺包》，文獻編號：010362，乾隆三十四年七月二十日，奏為拏獲脫逃太監劉進玉解交內務府由。國立故宮博物院藏，《軍機處檔．月摺包》，文獻編號：010496，乾隆朝無年月摺件，太監劉進玉供單。

10 參見：《刑案匯覽（三編）》，〈禁城病迷自戕無親屬治罪例〉。

11 參見：國立故宮博物院藏，《林案口供檔》（嘉慶十八年九月），頁00047-00050。

12 參見：國立故宮博物院藏，《林案供詞檔》，嘉慶十八年九月，文獻編號：625000001。國立故宮博物院藏，《林案供詞檔》，嘉慶十八年十月，文獻編號：625000002。

13 林清在供詞中說道：「我先二入教，原希圖歛錢，後來因我會說話眾人推我掌教，又後來出了卦，就總領了八卦。那滑縣的李文成，除坎卦外，七卦俱是他領的。七卦內有事，李文成須報我，我又見攏的人多，就起意謀逆。我們推算天書彌勒佛有青羊、紅羊、白羊三教。此時白羊教應興。眾人說我是太白金星下，又說我該做天王，有衛輝的馮克善該做地王，李文成該做人王。將來事成後天下是人王的，天王、地王就如同孔聖人、張天師一般。天書上又說：「八月中秋，中秋八月黃花滿地開放。」我們想今年該閏八月，這九月十五，正是第二個中秋合該應運。所以與李文成約定在九月十五日起事，彼此聚會。我願須先布置，叫陳爽、陳文魁帶了一百人分路先進紫禁城……」。參見：國立故宮博物院藏，《林案供詞檔》，嘉慶十八年九月，文獻編號：625000001，頁0005-008，嘉慶十八年九月十九日，〈林清供詞〉。

14 參見：國立故宮博物院藏，《林案供詞檔》，嘉慶十八年九月，文獻編號：625000001，頁0005-008，嘉慶十八年九月十九日，〈林清供詞〉。

第十二章

1 參見：安雙成等編著，《漢滿大辭典》，頁320，〈宮女〉、〈宮娥〉條。另可參考日本學者山田恒《滿州語文語辭典》書中的相關辭條。

2 「包衣」，即滿語中的「booi」，也就是家中奴僕之意。清朝皇帝常指派這些包衣奴僕來協助處理各種事務，例如派遣包衣協助處理宮廷的各種雜役，管理宮廷各種日常運作的相關事務等等。

3 參見：喜蕾，《元代高麗貢女制度研究》，北京：民族出版社，2003。

4 參見：邱仲麟，〈明代宮人的榮與辱：從職業婦女社會流動的角度切入〉，《故宮學刊》（2014），總第十二輯，頁91-125。

5 參見：清．沈元欽，《秋燈錄》（臺北：新興書局，1980），頁6364。

6 參見：邱仲麟，〈明代宮人的榮與辱：從職業婦女社會流動的角度切入〉，《故宮學刊》（2014），總第十二輯，頁91-125。

7 清．佚名，《多爾袞攝政日記》，（北平：故宮博物院，1933），順治二年閏六月初四條，頁4a。

8 參見：明．明世宗朱厚熜撰，《火警或問》，臺南縣：莊嚴，據北京大學圖書館藏明鈔宸章集

錄本影印，1996。

9 參見：邱仲麟，〈陰氣鬱積：明代宮人的採選與放出〉，《臺大歷史學報》（2012.12），第五十期，頁33-107。

10 參見：羽田亨，《滿和辭典》，頁298，mama與mamari條下註釋。山田恒雄，《滿州語文語辭典》，頁590，mama與mamari條下註釋。

11 參見：《中研院歷史語言研究所藏明清內閣大庫檔案》，文獻編號：209213-001，道光三十年七月，禮部為嫫嫫媽媽里等應封字樣事。《中研院歷史語言研究所藏明清內閣大庫檔案》，文獻編號：141417-001，同治一年二月二十八日，禮部為轉查移會內閣典籍為此次皇上位下媽媽里可否照例封賞夫人等事。

12 相關滿語字辭可以參見：羽田亨，《滿和辭典》，頁49。

13 參見：中國第一歷史檔案館，《內務府奏銷檔》，乾隆三十一年六月二十五日，第二八一冊，微卷頁碼：104，十二阿哥福晉使女補撥事。

14 參見：國立故宮博物院藏，《軍機處檔．月摺包》，文獻編號：143755，光緒朝無年月摺，世續等奏因總管太監報壽東宮壽西宮各有女子一名因病退出。

15 參見：《明英宗實錄》，卷二，宣德十年三月初一日。

第十三章

1 明・劉若愚，《酌中志》，北京：北京古籍出版社，1994。

2 胡丹輯考，《明代宦官史料長編》，南京：鳳凰出版社，2014。

3 參見：安雙成等編輯，《漢滿大辭典》，頁152。羽田亨，《滿和辭典》，頁248。山田恒雄，《滿洲語文語辭典》，頁504。

4 何榮兒的詳細生平可以參見：金易、沈義羚著，《宮女談往錄：儲秀宮裡隨侍慈禧八年》，北京：紫禁城出版社，1991。

第十四章

1 「六旬萬壽聖典」詳細的修造佛像數目，可參見附表。相關檔案文獻可參見：國立故宮博物院藏，《六旬萬壽慶典檔．嘉慶二十四年》。國立故宮博物院藏，《軍機處檔．六旬萬壽慶典檔》。

2 參見：《清高宗純皇帝實錄》，卷六十，乾隆三年一月初十日丙辰條。

3 參見：國立故宮博物院藏，《軍機處檔．月摺包》，文獻編號：030357，乾隆朝無年月摺件，

咨呈軍機處請查照職奉旨暫行撥銀壹萬兩賞給章嘉胡圖克圖事。

4 參見：國立故宮博物院藏，《軍機處檔．月摺包》，文獻編號：030979，乾隆四十六年閏五月十九日，咨呈送軍機處已派員由廣儲司領回前墊付賞給章嘉胡圖克圖銀一萬兩事。

5 《清高宗純皇帝實錄》記載：「莎羅奔、郎卡，既實心向化，似尚知道理，非冥頑異類可比，著量加獎賞，以示柔遠之仁。敕諭一道，並發令通事告彼。聖旨係特命章嘉呼圖克圖所譯，恐此間所譯，不能盡悉聖意。爾等應欽遵弗諼，永安荒徼。」相關記載參見：《清高宗純皇帝實錄》，卷335，乾隆十四年二月丁未條。

6 參見：國立故宮博物院，《康熙朝宮中檔滿文奏摺》，文獻編號：411000052，原摺件無年月，章嘉胡圖克圖弟子們謹奉聖諭效力不懈。

7 參見：《清德宗景皇帝實錄》，卷三五三，光緒二十年十一月丁丑條。

8 參見：國立故宮博物院，《宮中檔雍正朝奏摺》，第二九輯，頁767。

9 參見：國立故宮博物院，《宮中檔雍正朝奏摺》，第三二輯，頁658。

10 國立故宮博物院藏，《宮中檔道光朝奏摺》（複製本），第九輯，頁446。

11 參見：《中央研究院歷史語言研究所藏明清內閣大庫檔案》，文獻編號：210600-001，道光26年七月，戶部為章嘉呼圖克圖病故賞給佛座事。

12 國立故宮博物院藏，《宮中檔道光朝奏摺》（複製本），第十二輯，頁182。

13 國立故宮博物院藏，《宮中檔道光朝奏摺》（複製本），第十三輯，頁365，文獻編號：405006999，道光二十二年十月二十七日，為委員護送廓爾喀貢使自省起程進京奏祈聖鑒（附件：奏章嘉呼圖克圖赴藏看視達賴喇嘛坐床事）。

14 《清實錄》中的相關記載如下：「章嘉呼圖克圖，係動舊有為之呼圖克圖，自涅槃以來，已歷四載。茲據哈勒吉那奏稱所生幼童噶勒成楚克嚕布，據扎薩克喇嘛爵木磋稱，此子似識章嘉呼圖克圖之物，即係呼圖克圖之呼畢勒罕等語。朕聞之殊深欣慰，惟此子甫經九月，尚未能言。從前乾隆年間，若有呼圖克圖呼畢勒罕出世，均將所生數子年歲花名，書寫籤支，入於瓶內掣定。著哈勒吉那，轉諭吹布臧呼圖克圖、扎薩克喇嘛爵木磋等，於該地方再為訪察二、三幼童，及此子之名，一併具奏，再降諭旨辦理……」。參見：《清文宗顯皇帝實錄》，卷十七，道光三十年九月十八日壬寅條。

15 參見：國立故宮博物院藏，《軍機處檔．月摺包》，文獻編號：174684，道光三十年九月十八日，奏為訪出章嘉呼圖克圖呼畢勒罕等由（滿文摺）。

16 參見：國立故宮博物院藏，《宮中檔咸豐朝奏摺》，（複製本），第三輯，頁445。

17 參見：國立故宮博物院藏，《軍機處檔．月摺包》，文獻編號：119518，光緒七年十月二十五日，福錕奏報章嘉呼圖克圖呼弼勒罕轉生援照成案會同驗看事。

18 參見：國立故宮博物院藏，《軍機處檔．月摺包》，文獻編號：123472，光緒八年五月十三日，李慎奏報查明章嘉呼圖克圖之呼畢勒罕係何人之子并年歲事。

19 參見：國立故宮博物院藏，《軍機處檔．月摺包》，光緒二十年五月十九日，奎順奏報訪出章嘉呼圖克圖之呼畢勒罕。

20 參見：《清德宗景皇帝實錄》，卷三五三，光緒二十年十一月上丁丑條。

21 參見：章嘉大師圓寂典禮委員會，《護國淨覺輔教大師章嘉呼圖克圖傳》，臺北：章嘉大師圓寂典禮委員會，1957。

HISTORY 系列 029

紫禁城裡很有事：明清宮廷小人物的日常生活

作　者—王一樵
主　編—湯宗勳
特約編輯—果明珠
美術設計—陳恩安
封面繪圖—燕王 wf
執行企劃—廖婉婷
總 編 輯—曾文娟

董 事 長—趙政岷
出 版 者—時報文化出版企業股份有限公司
108019 台北市和平西路三段二四〇號七樓
發行專線—（〇二）二三〇六六八四二
讀者服務專線—〇八〇〇二三一七〇五
（〇二）二三〇四七一〇三
讀者服務傳真—（〇二）二三〇四六八五八
郵撥—一九三四四七二四時報文化出版公司
信箱—10899 台北華江橋郵局第九十九信箱

時報悅讀網—http://www.readingtimes.com.tw
電子郵件信箱—history@readingtimes.com.tw
法律顧問—理律法律事務所　陳長文律師、李念祖律師
印　刷—勁達印刷有限公司
初版一刷—二〇一七年四月七日
初版五刷—二〇二一年九月二十七日
定　價—新台幣二八〇元

時報文化出版公司成立於一九七五年，
並於一九九九年股票上櫃公開發行，於二〇〇八年脫離中時集團非屬旺中，
以「尊重智慧與創意的文化事業」為信念。

紫禁城裡很有事：明清宮廷小人物的日常生活 / 王一樵 作 .-- 一版 . -- 臺北市：時報文化，2017.4

面；　公分 . -- (History 系列；029)

ISBN 978-957-13-6953-2（平裝）

1. 生活史 2. 宮廷制度 3. 明清史

636　　106003737

ISBN 978-957-13-6953-2
Printed in Taiwan